JN298774

ハンディキャップと都市空間
−地理学と心理学の対話−

岡本耕平・若林芳樹・寺本　潔　編

古今書院

はじめに

　本書は，空間認知・空間行動に関する地理学者と心理学者による共同研究の成果である。具体的な研究テーマとして，障害者・外国人・子どもなど，日本の都市空間で行動する際に何らかのハンディキャップをもつ人々の認知と行動の問題を扱っている。

　本書の第Ⅰ部では，地理学と心理学がそれぞれ空間認知と空間行動の問題をどのように研究してきたか，両者の方法論はどこが異なるのか，そしてどこに接点があるかについて考察した。

　地理学者と心理学者の共同研究は，欧米ではかなり以前から盛んであり，1965年にはアメリカ地理学会大会で合同のセッションが開かれ，これが引き金となって，1969年のEnvironmental Design & Research Associationの創設とEnvironment and Behavior誌の発刊，さらに1973年の論文集『Image and Environment』の出版へとつながった。この本は，日本でも『環境の空間的イメージ』という邦題で翻訳され，広く読まれている。欧米では，その後しばらく共同研究が下火となるが，1990年代に入ると再び活発化し，本書第1章で紹介されているように，地理学者と心理学者の共同の論文集や特集記事が次々と編まれている。

　一方，日本では，これまでそうした共同研究の試みはほとんどなかった。本書は，日本における地理学と心理学の共同研究として，おそらく初めての書籍出版物であろう。

　本書の第Ⅱ部では，都市空間におけるハンディキャップの問題を具体的に考察した。ここでは，ハンディキャップという言葉を広義の意味で用いており，身体的なハンディキャップだけでなく，文化的，社会的なハンディキャップも含んでいる。第Ⅱ部では，そうしたハンディキャップをもつ集団として，視覚障害者，外国人，子ども，女性，高齢者を個別に取り上げて，都市空間に存在する様々なバリア（物理的・非物理的障害物）について考察した。

　日本の都市空間が暗黙裡に健常な成人の日本人を想定して設計されてきたこ

とは，近年，都市計画分野等でも強く認識されるようになってきている。しかし，都市空間において何がどのようにハンディキャップを生み出しているかについての研究は，理論的にも実証的にも，まだほとんど始まったばかりである。本書はそうした基礎的な研究の進展への寄与を意図している。

　本書が企画されたきっかけは，1996年に遡る。欧米での地理学者と心理学者による共同研究の隆盛に刺激を受け，地理学者の岡本が空間認知に関心をもつ地理学者と心理学者数名に声をかけ，研究グループを組織した。科学研究費に応募し，2回目の申請で研究費が認められ，1998年から実質的に共同研究がスタートした。そして，2000年の3月に早稲田大学で行われた日本地理学会春季学術大会において，地理学者と心理学者合同のシンポジウムを開催した。シンポジウムでは，13の研究発表と，それに続く約1時間の討論が行われ，フロアの研究者たちも交え，熱心な議論がなされた（シンポジウムの記録は，地理学評論73巻6号547-548頁に掲載されている）。

　本書は，このシンポジウムでの研究発表・議論がもとになっている。執筆者として，シンポジウムのオーガナイザーを務めた地理学者3人（岡本・若林・寺本），シンポジウムに参加した心理学者4人（加藤・竹内・村越・山本）を中心に，若手の地理学者（大西・鈴木・髙井・西・本間）が加わった。

　このたび，遅ればせながらようやく出版にこぎつけることができた。辛抱強く本書の刊行を待ち望んでくださった多くの方々にお詫びと御礼を申し上げたい。

2006年11月

編者を代表して
岡本耕平

目　次

はじめに　i

第Ⅰ部　方法論の対話

第1章　空間認知・空間行動のハンディキャップをめぐる地理学と心理学の接点　　　　　若林芳樹　3

1. はじめに　3
2. 地理学と心理学の接点としての生態学的アプローチ　4
3. 空間認知と空間行動を理解するための新しい枠組み　7
4. 空間認知・空間行動におけるハンディキャップの諸相　9
5. おわりに　18

第2章　空間移動にかかわる心理学の諸理論　　　　　加藤義信　23

1. 心理学は空間の何を問題にするのか？　23
2. 空間知識表象の性質に関する理論　26
3. 空間情報の心的処理機構に関する理論　36
4. 大規模空間に関する心理学理論の未来　46

第3章　地理学における空間論の展開とハンディキャップへの視点
　　　　　岡本耕平　51

1. はじめに　51
2. 地理学の空間論　51
3. 地理学における空間認知研究と障害研究　57
4. ハンディキャップへの視点　61

第Ⅱ部　ハンディキャップをめぐる対話

第4章　視覚障害者の移動と空間認知　　　　　　　　　　山本利和　71
  1．視覚障害　71
  2．視覚障害者にとっての歩きやすい場所，歩きにくい場所　72
  3．さまざまな情報の利用　76
  4．視覚障害者と地図　78
  5．移動・空間認知・コミュニケーション　83
  6．技術・知識・心がまえ・目的　87
  7．おわりに　89

コラムA　視覚障害者の空間認知と移動情報　　　　　　　本間昭信　92

第5章　外国人の認知的ハンディキャップと都市空間内での移動上
    　の困難　　　　　　　　　　　　　　　　　　　　　村越　真　99
  1．文化の違いと認知的ハンディキャップ　99
  2．インタビュー調査から見る，目的地移動上の困難　102
  3．都市設備の探索に関するケーススタディー　104
  4．質問紙による，移動上の困難の把握　105
  5．認知的ハンディキャップの背景にあるもの　114

コラムB　外国人居住者の空間認知および空間行動の支援策とその課題
　　　　　　　　　　　　　　　　　　　　　　　　　　　鈴木晃志郎　116

コラムC　在日外国人に判りやすい「まち案内」や地図作成の試み
　　　　　　　　　　　　　　　　　　　　　　　　　　　髙井寿文　121

第6章　女性は道に迷いやすいか？　　　　　　　　　　　竹内謙彰　127
  1．はじめに　127
  2．ナヴィゲーションと空間認知能力の性差－ジェンダーかセックスか　127
  3．否定的な感情が生起する場所に関する探索的研究　134
  4．まとめ　137

コラムD　女性にとっての地図とハンディキャップ　　　　　　　　岡本耕平　142

第7章　子どもから見た市街地路上におけるバリア
　　　　　－写真撮影による場所の認知－　　　　　　　　　　　寺本　潔　147
　1．目的と方法　147
　2．調査対象地区の地理的概要と子どもたち　148
　3．景観写真に写された要素　149
　4．考察　155
　5．おわりに　158

コラムE　子どもの写真に写るまちを考える－遊び場としての道路再考－
　　　　　　　　　　　　　　　　　　　　　　　　　　　　　大西宏治　160

第8章　都心周辺部で高齢者が一人で暮らすということ
　　　　　－東京都文京区シルバーピア入住者のエイジングの空間－　西　律子　169
　1．はじめに　169
　2．調査地域・シルバーピアの概要　170
　3．居住空間と「ライフヒストリー」　172
　4．シルバーピア入住者の居住空間　175
　5．居住空間における制約要因　181
　6．おわりに　185

コラムF　高齢者に対する固定観念と空間行動を取り巻く状況　　若林芳樹　188

執筆者一覧　　　　　　　　　　　　　　　　　　　　　　　　　　　　194

第Ⅰ部　方法論の対話

第1章　空間認知・空間行動のハンディキャップをめぐる地理学と心理学の視点

若林芳樹

1. はじめに

　日々繰り返されるルーチン化された日常生活の中で，空間認知や空間行動に支障を来して困難を感じることは，多くの人にとっておそらく稀であろう。しかし，日常の生活空間を離れて見知らぬ土地を訪れると，成人の健常者であっても，なにがしかの不自由を感じるかもしれない。その場合の不自由の原因は，不慣れな環境への適応を強いられることによると考えられる。空間認知や空間行動のハンディキャップ[1]は，多くの場合，このように環境と人間との関わり方によって生じるものである。そうした人間と環境の間柄を問題にすると，物的環境の成り立ちに対する理解をめざしてきた地理学者と人間の内面世界やふるまいに関心を寄せる心理学者との間に一つの接点が生まれてくる。こうして，空間認知・空間行動のハンディキャップをめぐる諸問題は，二つの分野の研究者が共同で取り組むのに格好の対象となる。

　もともと地理学と心理学は，学問分野としての成り立ちや研究対象からみて，一般にはかなり異質な性格をもつと考えられてきた。しかし，二つの分野の接点は，人間が知覚する景観として地理的環境を定義し，行動地理学の先駆けという見方もある，Granö（1929/1997）の『純粋地理学（Reine Geographie）』に遡ることもできる（山野，1998，pp.264-269）。また，1960年代の地理学における計量革命の時期には，因子分析をはじめとする計量的手法が心理学から数多く導入されている。本格的に両分野の共同作業が進展するのは，1960年代末に始まる行動地理学の登場以降である（若林，1985；岡本，1998）。人間の空間行動を認知過程にまで踏み込んで理解しようとする行動地理学は，それとほぼ時期を同じくして台頭した環境心理学の流れとあいまって，英語圏では心理学との結びつきをますます強固なものにした。そして今日では，GIS（地理情報システム）のヒューマン・インタフェイスに関わる研究でも，両分野の新たな接点が生まれようとしている（Kitchin and Freundschuh, 2000；若林，2003）。

本稿では，空間認知と空間行動のハンディキャップに焦点を当てながら，地理学者と心理学者との間での対話や共同作業を行うに当たって，重要になると思われるいくつかの論点を整理しておきたい。

2．地理学と心理学の接点としての生態学的アプローチ

英語圏では最近，空間認知に関する地理学と心理学を中心とした学際的な共同作業がめざましく進展しており，その成果の一端は，表1-1のような論文集や学術雑誌の特集記事となって現れている。そうした既成の学問分野を越えた取り組みは，共有された概念やパラダイムを基盤として成立していることは間違いない。しかし，空間認知を共通の対象としながらも，心理学と地理学の間ではアプローチの仕方に違いがみられる。これを，対象となる空間スケール，問いの立て方，措定される主体や行動，研究方法，などの面から整理すると，次のような違いがみられる（若林，1999, pp.21-29）（表1-2）。

まず，対象とする空間スケールの違いがある。ここでいう空間スケールとは，認知する主体の身体や行為と対象との関係によって定義されるもので，必ずしも空間の規模と対応するものではないが，これまで地理学が対象としてきた空間は，既成の地図上で議論できるような規模に偏向していたため，心理学がおもに扱う室内や屋内の空間にはほとんど関心が向けられなかった。その結果，心理学に比べて地理学の方がより大規模な空間を扱う場合が多い。

また，関心の向け方が地理学では空間認知のパターンを外的環境との関係で理解することにあるのに対し，心理学ではその内的過程を重視する点で異なる。そのため，問いの立て方においても，地理学では "what", "where" といった問いが重視されるのに対し，心理学では "how" を問題にする場合が多い。つまり，空間認知の形態に関心を向ける地理学者とは違って，心理学者はその形成過程や作用を重視してきたといえる。

空間認知に関わる行動の捉え方においても，地理学では高次の意思決定を要する空間行動に重点を置くのに比べて，心理学では空間内での移動をよりミクロに捉える傾向がある。これは，空間認知の主体として地理学では個人のみならず世帯や組織を含む場合があることにも関係している。

両分野の顕著な違いは，研究方法にもみられる。これまで地理学では現象の記述と測定に重きが置かれたのに対し，心理学では実験的な研究が主流をなし

表 1-1　地理学者と心理学者が中心となった空間認知に関する 1990 年代以降の主な成果

	事例	主要テーマ
論文集	Gärling and Golledge eds.(1993)	行動と環境のインターフェイス
	Portugali ed. (1996)	IRN に依拠した認知地図形成過程の再考
	Golledge ed. (1999)	人間・動物の認知地図と経路探索行動
	Kitchin and Freundschuh eds. (2000)	認知地図研究の過去・現在・未来
特集記事	*Geoforum*（1992, vol.23, no.2）	地理的環境の認知への認知科学的検討
	Geographical Systems（1995, vol.2, no.3）	空間的知識の源泉と GIS
	Journal of Environmental Psychology（1998, vol.18, no.3）	認知地図研究の応用
	Professional Geographer（1999, vol.51, no.6）	学際的認知地図研究の新しい展開

表 1-2　空間認知への取り組み方の地理学と心理学での違い

	地理学	心理学
①空間の規模	おもに大規模	おもに小規模
②関心	パターン／外的環境との関係	プロセス／内的過程
③問いのたて方	What, Where(, Why)	How
④行動との関係	高次の意思決定	空間内での移動・動作
	（空間選択，立地行動）	（経路探索，ナヴィゲーション）
⑤認知の主体	個人・世帯・組織	個人
⑥主たる研究方法	現象の測定と記述	室内実験
⑦研究の背景	人間不在の地理学への代替案	古典的行動主義モデルへの疑問
	内面世界への関心の高まり	現実世界での日常行動への関心

Gärling and Golledge（1993），Kitchin et al.（1997a）らの記述を参考にして作成。出典：若林（1999,p.21）

てきた。そのため，地理学が対象とする空間は，自然なありのままの生態学的環境に属すると考えられる。これに対して心理学の研究は，条件を統制された仮想的な空間を対象にすることによって，空間認知の一般的特性を探求してきたといえるだろう。

　おそらく多くの地理学者はこうした違いに無自覚なまま研究を行ってきたのではないかと思われるが，地理学の側での心理学的研究手法や概念の借用と心理学の側での生態学的アプローチの台頭に伴い，こうした違いも絶対的なものではなくなってきている。そのため，最近の論文集や特集記事では地理学と他分野との違いは明確でなく，表 1-2 のような二つの分野での違いは，解消に向かっているといってよい。心理学での生態学的アプローチとは，従来，実験室の統制された条件下で行われた研究を現実世界の自然な場面に即して捉え直す

試みといえる。それは，現場＝フィールドに身を置いて考えるところに眼目があるから，フィールド・サイエンス（野外科学）としての地理学の研究方法は，それを研究者自身が自覚していたかどうかは別にして，生態学的アプローチに近いものだったはずである。

　その場合，研究対象となるのは，現実を抽象化した数学的・物理学的な空間ではなく，資源や意味に満たされた生態学的環境である（三嶋，1998）。これまで地理学がおもに研究対象としてきたのは，この生態学的環境そのものといえるわけだが，それと主体との相互交渉（transaction）の過程を明示的に捉えた研究は決して多くない。むしろ，自らが扱っている環境なり空間が生態学的なものであるという自覚に欠けていたのではないかと思われる。

　生態学的アプローチで重視される認知や行動の状況依存性に着目すると，単に地理的環境だけでなく，外在する道具や資源としての他者も状況を規定する要因の一つとなる。そこで対象となる，身体を媒介とした外界と主体との相互交渉は，これまでの地理学ではあまり考慮されてこなかった側面である。おそらくそれを本格的に取りあげたのは人文主義地理学（humanistic geography），とりわけサウンドスケープ，スメルスケープなどを対象とする感覚地理学（sensuous geography）（米田・潟山訳編，1992; Rodaway，1994）の登場以降であろう。また，フェミニズム地理学（Longhurst，1995）や障害者をめぐる地理学研究（Butler and Bowlby，1997）でも，最近では身体の物質的な側面に留まらず，社会的な意味や表象にまで踏み込んだ議論が展開されている。

　このように，生態学的アプローチは行動地理学の対象と方法に再考を迫るものといえる。ここで，Pepper（1942）の世界仮説（world hypothesis）で提示された，知の基底に潜む四つのルート・メタファーに照らして考えると，生態学的アプローチの台頭は，機械論から文脈論（contextualism）への移行として捉えることができ，これら二つの分野に限らず他の人文・社会科学にも共通する学際的な流れと軌を一にしている（若林，1999，pp.246-248）。そう考えると，個人の内面に立ち入ることなく，取り巻く状況や制約によって空間行動を合理的に説明しようとする時間地理学（Time geography）（荒井ほか編訳，1989；若林，1995）は，個人が遂行する種々の活動が時空間上で分かち難く結びついていることを重視するという点で，ルート・メタファーとしての文脈論につながり，生態学的アプローチに相通ずる側面をもっている。

3．空間認知と空間行動を理解するための新しい枠組み

　生態学的アプローチに依拠した場合，空間認知と空間行動との関係についても再検討が必要になる。心理学での生態学的アプローチに大きな影響を与えているのは，James.J.Gibson（ギブソン，1985）のアフォーダンス論である。アフォーダンス（affordance）とは，身体の移動や主体の働きかけとともに立ち現れてくる環境に内在する情報で，それを抽出することによって知覚や行動が導かれるという考え方である。この場合，認知地図のような心的表象を介在させた行動の説明自体が否定され，行動と知覚とが一体のものとして捉えられている。そのため，彼の説に依拠すると，空間認知と空間行動とを分離して両者の関係を問題にすること自体が意味をなさなくなる。

　しかし，Gibson が説明しようとした空間行動は，もっぱら身体（あるいはその一部）の動きを伴うものであり，地理学者が対象にしてきた巨視的な空間行動とはやや異質なように思われる。たとえば，初めて訪れる場所への行き方を計画したり，見知らぬ場所の在処を想像するとき，あるいは空間的情報を他人に伝達する場合のように，身体の動きが直接関与しない空間を対象にする場合には，アフォーダンス論が主張する直接知覚という考え方は必ずしも有効とはいえない。

　そうした場面では，地図をはじめとする間接的情報に頼ることになるが，それは言語にせよ地図にせよ，なんらかの記号表現を通して獲得される点で，他の動物とは異なる人間独自の能力に依拠することになる。それらの記号の一種である言語について Gibson（ギブソン，1985，p.276）は，他者が知覚した環境の不変項を固定したものという位置付けを与えてはいるものの，その役割は過小評価している。なぜなら，アフォーダンスとは名付けられる以前に実在する，言語を超えた存在だからである。しかし，情報化の進展に伴ってメディアを介した情報流通量が増大している今日では，むしろ記号を媒介として環境から受容される間接的情報の役割が高まっており，地理学者が問題とするような空間行動にとって，厳密な意味でアフォーダンス論が適用できる対象は限定されるように思われる。つまり，他の動物にはみられない，記号を介した意味作用によってリアリティが構成されるという人間の心の特徴は，アフォーダンス論の射程から外れてしまうのである（西垣，1999，p.164）。

　たしかに，日々繰り返される通勤やなじみの店での買物のような，ルーチ

ン化された日常行動にとっては，アフォーダンスによる説明が有効かもしれない。しかし，そうした行動のルーチンが形成される以前の段階や，非日常的な行動場面では，おそらく行動に先だって目的地を選択する段階で認知地図が利用されるのではないかと考えられる。たとえば，Gärling et al.（1984）が示した移動行動モデルに依拠すると，空間行動は「活動プラン」，「移動行動プラン」，およびその「遂行」という3段階からなると考えられるが，最初の二つの段階では，対象となる空間を直接知覚できないため，認知地図や他者を通して得た空間情報に頼らざるをえないはずである。

　また，行動主体が移動する場所や経路にどの程度なじんでいるかによっても，認知地図概念が有効性をもつ対象は違ってくる。たとえば，Allen（1999）は経路探索（wayfinding）のタイプを移動の発着地と経路に対する熟知度によって三つに分け，その遂行方法との関係を整理しているが，それによると，熟知した場所と経路を辿る通勤・通学（commute）では，習慣化された移動パターンの反復や経路沿いのランドマーク系列を辿るパイロッティング（piloting）という方法がとられ，認知地図が使われることは少ないと考えられる。しかし，熟知した場所の間にあるなじみのない経路を探査（explore）する場合や，未知の場所への探索（quest）では，認知地図を使ってランドマーク間の距離や時間を推定する方法が用いられている可能性が高い。こうして，認知地図は移動行動のフレキシビリティを高めるような役割を果たすことになる。

　以上のように，認知地図概念でもアフォーダンス論でも，空間行動のすべてを説明し尽くすのに限界があるとはいえ，Gibsonの説には従来の行動地理学に再考を迫る重要な問題提起が含まれているように思えてならない。実際，哲学者の間では，多分にGibsonの説は拡大解釈されるか敷衍される形で議論される傾向にあるものの，主客二元論や還元主義・要素主義に代わる新しい実在論の視点を提起するものという位置付けが与えられている。したがって，Gibsonの説で受容すべき部分とそうでない部分を選り分けて，アフォーダンス論が地理学者に「アフォード」するものを「抽出」しなければならない。

　その一つは，主体にとっての環境の意味は行動と不可分に結びついており，環境への働きかけによって，情報が抽出されるという考え方である。そうすると，認知地図は静止画像のようなものではなく，時間の流れの中で絶えず変化するものとみなすべきであろう。また，空間の捉え方も，アフォーダンス論に依拠すると，地図のような2次元平面ではなく3次元空間での認知や行動

を考える必要がある。それは，抽象化された行動の捉え方を生身の身体を媒介にした，より現実的なものに置き換えることになる。ただし，Gibsonの説では知覚する主体の側の役割を軽視しすぎており，同じ生態学的アプローチでもNeisser（ナイサー，1978）のような図式の役割を重視した知覚循環説の方が有用ではないかと思われる。この場合，認知地図は環境の図式の一種に位置付けられ，能動的な探索と情報抽出によってたえず書き換えられる動的な存在として捉えられる。

また，アフォーダンス論の含意を汲み取りつつ，空間行動における心的表象の役割を考えるとき，Portugali（1996）の提起した表象間ネットワーク（IRN: Iner-Representation Network）モデルは示唆に富む。内的表象と外的表象とが相互に連結したネットワークを構成すると考えるIRNモデルに依拠すると，認知地図は外在する道具や資源と不可分に結びついて社会的に構成されることになり，空間認知を開放システムとして捉える点で，生態学的アプローチの着想に近い。物理学者Hermann Hakenのシナジェティクス（synergetics）や言語学者George Lakoffの経験的実在論（experiential realism）にもつながるというその考え方は，新しい研究の枠組みを提供するように思われる。

4．空間認知・空間行動におけるハンディキャップの諸相

ここで，ハンディキャップをもつ人たちの空間認知と空間行動を取り上げることは，行動地理学にとって二つの側面で重要な意味をもつ。

まず対内的・理論的側面での意義としては，認知地図概念による空間行動の説明や空間概念を再検討するための手がかりを得ることである。たとえば，視覚障害者にとっては，サーヴェイマップ型の認知地図を形成すること自体が困難であると予想され，また認知地図に基づく行動プランにしたがって目的地にたどり着く過程で遭遇するバリアによって，行動の遂行に支障をきたす可能性がある。そのため，Gärling et al. (1984)の移動行動モデルの中で，ハンディキャップが顕在化するのは行動の遂行の段階ではないかと思われる。そうしたバリアは個人が抱える機能障害に結びついてハンディキャップになるわけだが，それは行動地理学でこれまで軽視されてきた，生身の身体を介した空間との相互交渉過程や3次元の空間認知にも眼を向けさせるであろう[2]。

たとえば，高齢者や車椅子障害者（下肢不自由者）にとって階段・段差・坂

は，日常生活を送る際に大きなバリアとなっており（三谷ほか，1995；宮澤，2000），視覚障害者のリハビリテーションは触覚・聴覚・運動感覚を含む感覚訓練から成っている（津田，1999, p.19）。こうした障害者の空間認知を理解するためには，音やにおいや皮膚刺激に満ちた3次元空間の近接層に研究対象を広げる必要が出てくることは明らかである。そうした感覚様相で捉えられる空間の広がりは，視覚の場合に比べて狭いため，扱う空間の規模も，数万分の1，数千分の1といった通常の地図の縮尺では捉えきれないミクロなものになる。そのため，障害者の空間認知を理解するには，体性感覚が重要な役割を果たす「原寸大の空間認知」（山本，1993, p.155）に眼を向ける必要がある。

一方，対外的・応用的側面での意義としては，欧米の人文地理学でにわかに関心が高まっている障害者をめぐる議論[3]を，バリアフリーやユニバーサル・デザインへの取り組みに結びつけることである。こうした動きは，北欧におけるノーマライゼーション思想の普及や，アメリカで1970年代に始まった自立生活運動と1990年のADA法（障害をもつアメリカ国民法）の制定に端を発し，物的空間のバリアフリー化に向けての実践的な取り組みにつながっている。これに呼応して，地理学の分野でも，自ら視覚障害を抱えながら行動地理学をこれまでリードしてきた，アメリカの地理学者Golledge (1993) が，英国地理学会報に「地理学と障害者」と題した展望論文を発表している。その中でGolledgeは，障害者がかかえるあらゆる問題が基本的に空間的なもので，これまでのところ大規模空間での研究が手薄なため，障害者が直面する空間的問題解決やそのプロセスを理解するのに地理学は役立つ可能性があると説く。この論文をめぐっては，Butler (1993), Gleeson (1996), Imrie (1996a) が，おもに社会理論の立場から，障害を個人の問題に還元することの是非について批判を寄せているが，それに対してGolledge (1996) は現実に障害者が直面する問題の解決にとっての行動地理学の有効性を主張している。Society and Space誌でも「障害の地理学 (Geographies of disability)」題した特集号 (1997, Vol.15, No.4) が組まれており，障害者をめぐる話題は，行動地理学のみならずより広い人文地理学の文脈の中で活発に議論されている[4]。

また，Golledge and Stimson (1997) による行動地理学の概説書の改訂版では，健常な女性や高齢者を含む広い意味でのハンディキャップを背負った人々を「特殊な集団 (special population)」と呼び，彼／彼女らの空間認知・空間行動に関する独立した章が新たに設けられている。日本でも雑誌『地理』（44巻

11号〜46巻3号)には,「「地図」で考える地域福祉」と題した連載が掲載され,障害者の話題がようやく地理学でも取りあげられるようになった(宮澤,2000; 本間,2001)。そこで紹介されているバリア・マップのように,障害者が背負うハンディキャップを可視化して地理学的に分析したり,一般の人々を啓蒙するのに地図が有用であることはいうまでもない。しかし,前述のような視覚以外の感覚様相で捉えられる空間を問題とする場合,障害者の体験を2次元の地図で捉えるのには限界がある。また,宮澤(2004a)が下肢不自由者へのインタビューを通して捉えた,生活環境にひそむバリアの多くは,地図に表すのが困難なものである。そのため,空間の捉え方や分析の仕方と並んで表現の面でも,新たな方法を考える必要があるだろう。

ところで,広い意味でのハンディキャップには様々な側面が含まれるが,WHO(世界保健機関)が1980年に定めた図1-1のようなレベルの違いは,障害の成り立ちを構造的に理解する手がかりを与えている[5]。それは,①器官レベルでの機能障害(impairment),②個人レベルでの能力障害(disability),③それが社会化した状態としての社会的不利(handicap)という三つからなっている。①は疾病・変調が顕在化して他人に気づかれる状態で,②は健常者が行っている行為・活動の一部が遂行困難な状態を指し,③は正当な社会的役割が果たせない状態を意味する。

この三つのレベルは,必ずしも一方向的な関係にあるわけではない。機能障害によって能力障害を生じた場合が狭義の障害者に該当するが,機能障害は差

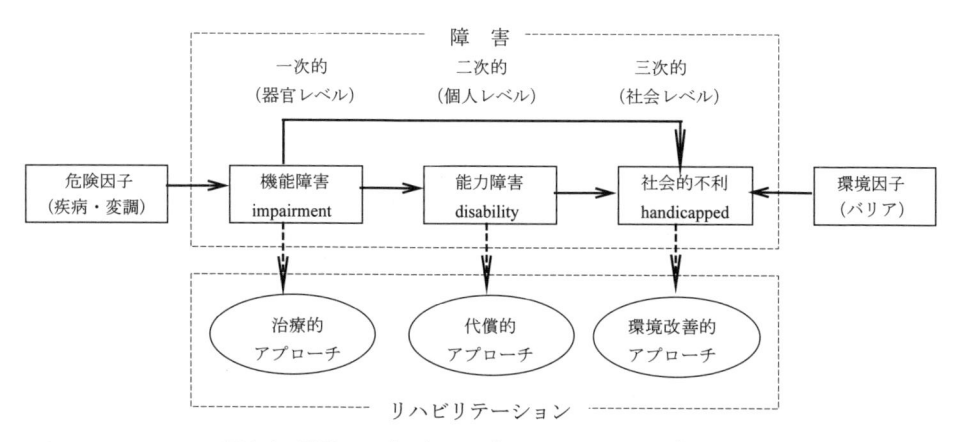

図1-1 障害のレベルとリハビリテーションのアプローチ
小澤(1996)などに基づいて作成。

別などを通して社会的不利を生み出すし，社会的不利によって能力障害が助長される面もある。たとえば，年寄り扱いされることで高齢者の老化が促進されるようなケース（正高，2000）がそれにあたるだろう。一方，機能障害が常に能力障害や社会的不利につながるとは限らず，機能障害をカバーするような手だてを加えればハンディキャップが顕在化しない場合もある。つまり，同程度の機能障害をもっていても，社会や環境の条件に応じて，能力障害や社会的不利の現れ方は異なったものとなる。

障害者のリハビリテーションにおいては，これら三つのレベルに応じて異なったアプローチがとられる（小澤，1996）。すなわち，機能障害については機能そのものを改善する「治療的アプローチ」が，能力障害には残存機能の強化や日常生活動作の訓練を含む「代償的アプローチ」が，社会的不利に対しては物的環境のバリアフリー化や社会的支援を含む「環境改善的アプローチ」が，それぞれ有効な手段となる。このうち，心理学は治療的アプローチや代償的アプローチに関係し，地理学は環境改善的アプローチに関与することになるだろう。そのため，心理学では機能障害から能力障害までが主たる対象となるのに対し，地理学では社会的不利と能力障害との関係が焦点になるように思われる。

一方，障害者の中でも空間認知に大きなハンディキャップを背負った視覚障害者については，その空間的能力自体が発達するのかどうかをめぐって三つの考え方がある（Kitchin et al., 1997b；若林，1999，pp.204-210）。それは，①欠損説（deficiency theory），②差異説（difference theory），③非能率説（inefficiency theory）である。①は，能力自体が欠損しているため発達はみられないと考えるのに対し，②は，能力は健常者と同等でも空間表象の形成のされ方やその構造が健常者と異なるとみる立場である。③は，能力の発達はみられるものの，健常者と同等の水準には達しないという考え方をとる。

このうち，欠損説については多くの反証例によってほぼ否定されており，障害の程度，対象となる環境の規模，課題の種類に応じて事情は異なるとはいえ，視覚障害者の空間的能力はある程度発達すると考える差異説や非能率説が支持されている。たとえば，北アイルランドのベルファストとアメリカ合衆国のサンタバーバラで視覚障害者の経路探索実験を行ったGolledge et al.（2000）は，経路の辿り直し課題で視覚の欠如が不利に作用するものの，空間的知識の水準では晴眼者との間に明瞭な差はみられないという結果を得ており，適切な訓練をつめば視覚障害者の空間的能力は晴眼者と同等のレベルに達する可能性を示

唆している。そのため，発達を支援する道具や社会的仕組み，あるいは物的環境の改善が必要となるのである。差異説と非能率説との違いは，つまるところ，そうした支援や環境改善の目標を晴眼者と同等の能力の獲得におくかどうかにあるといえるだろう。

　いずれにせよ，機能障害がハンディキャップとして顕在化する際には，環境の側のなんらかのバリアが存在すると考えられる。そうしたバリアには，物理的なものだけでなく，情報のバリアや心理的・制度的なバリアも含まれるが，これらはハンディキャップをもたらす誘因の一種とみなされる。したがって，今日の障害観では，ハンディキャップの由来を個人の側よりむしろ環境の側に求め，それを克服するための社会的支援や物的環境の改善をめざすことになる。つまり，障害者に空間認知や空間行動の不自由をもたらすような「無力にする空間（disabling space）」を生み出す原因は，「健常者中心主義（ablism）」の政策や都市計画にあると考えるのである（宮澤，2000，2004b；Imrie，1996b）。こうした動きは，石川・長瀬（1999，p.17）がいうところの，障害をめぐる医学モデルから，個人モデル，そして社会モデルへという流れとも呼応している。

　このように，能力障害が環境条件によって左右される側面が大きいと考えると，器官レベルでの機能障害はなくても，環境の側の要因によって能力を発揮できないような健常者の一部（高齢者，子ども，妊産婦，外国人など）も，障害者と同様，ある種のハンディキャップを抱えていることになる。交通計画の分野でも，最近，交通行動を行う際に何らかの困難を伴う人たちを交通困難者（あるいは移動制約者）と呼び，図1-2のように捉えている。この図では，交通困難者には狭義の障害者の他にも，体力や運動能力が低下した高齢者，重い荷物を抱えたりベビーカーを使う場合のような，一時的に移動上の困難を抱える人たちも含まれる。最近では，そうした人たちのための施設整備上の指

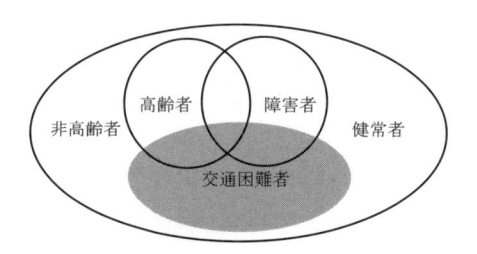

図1-2　交通困難者の位置付け
三星・新田（1995）に基づいて作成。

針をマニュアル化した例もある。それらを整理した表1-3からも明らかなように，一口に交通困難者といってもハンディキャップの特性や配慮すべき点が多様であるため，施設整備においても画一的でないきめ細かな対策が必要となる。

　本稿が対象としている，空間認知や空間行動にハンディキャップを背負うグループは，上述の交通困難者にほぼ重なるといってよい。つまり，図1-2に示した交通困難者のうち，高齢者にも障害者にも含まれないグループには，表1-3の中の子ども，妊産婦，ベビーカー使用者以外に，外国人居住者や方向感覚が劣る人たち（いわゆる「方向音痴」）も含まれると考えられる。そうしたグループに属する人々は，数の上では決して少数派とはいえないし，子どもや高齢者はほとんどの人が生涯の中で一度は所属するグループでもある。このうち，高齢者，子ども，外国人にとってのハンディキャップをわかりやすく紹介した例がいくつかある。

　たとえば，小駒（1996，p.49）は，インスタント・シニアという装置で高齢者のハンディキャップを疑似体験した例を紹介している。これは，足の重り，腕・肘のサポータ，耳栓，手首の重り，ゴム手袋，ゴーグルなどを装着して，高齢者の身体的な不自由を健常者が理解するために考えられたものである。これと類似した例として，健常者が身体障害者の状態を体験する「キャップハンディ」（または「ハンディキャップ・オリエンテーリング」）という活動も行われている（大野，1988，p.45）。それには車いすに乗って下肢不自由者のハンディを疑似体験するような例も含まれ，ガイドヘルパー等の養成や住民参加のまちづくりにおける相互理解・合意形成にも役立つ可能性がある（福島ほか，2003，p.259）。ただし，実際には障害の重度や種類には個人差があるから，これらによってハンディキャップを抱える人々が現実に遭遇するさまざまな障害を，そのまま追体験することにはならないことに留意すべきである。

　子どもについては，杉田・今井（1998，p.49）が子どもの空間認知能力から推測される歩行上のハンディキャップを例示している。そこではPiagetの発達説の中では前操作期に当たる6歳児を想定して，子どもにとっては距離評価が難しいこと，視野が狭いこと，音の定位が劣ること，判断や思考に時間がかかって敏捷性に欠けることなどを挙げながら，交通事故の危険性に注意を喚起している。ただし，最近の発達研究ではPiaget説そのものの見直しが進展していることを考えると，現実には年齢集団で一括りにできない多様性や個人差が存在するとみるべきであろう。

第1章　空間認知・空間行動のハンディキャップをめぐる地理学と心理学の視点　　15

表1-3　ハンディキャップをもつ人たちの空間移動における都市空間のバリアの事例

	都市空間のバリア	対策例	ハンディキャップを受ける人のタイプ								
			車いす使用者	杖使用者	視覚障害者(全盲)	視覚障害者(弱視)	高齢者	子ども	妊産婦	ベビーカー使用者	外国人(健常者)
道路	道路の段差や階段	段差を小さくする、手すりやエレベータの設置	○	○	○	○	○			○	
	道路わきの溝	溝を小さくする	○	○							
	傾斜が急な坂道	勾配を緩くする	○	○			○			○	
	狭い坂道・建物の出入り口	道路や出入り口を広くする	○	○			○			○	
	滑りやすい床や路面	滑りにくい素材にする		○			○				
	信号機	音響信号の設置			○	○					
	路上の障害物	障害物の撤去、点字ブロックでの誘導			○	○					
	識別しにくい階段や段差	色のコントラストを明確にする				○	○				
建物	出入口の段差	段差を小さくする	○							○	
	出入口のドア	幅を広げ、引き戸や自動ドアにする	○				○			○	
	トイレの便座の高さ	便座を低くする	○				○				
	階段	手すりやエレベータの設置	○	○	○		○			○	
	エスカレータ、エレベータ	昇降の向きを音声案内する			○		○				
	自動販売機・公衆電話・ATM	操作盤の位置を低くする	○					○			
交通	バス・鉄道車両の乗降口	ノンステップバスにする	○				○			○	
	鉄道・バスの行き先表示板	音声伝達			○						
案内表示	文字(墨字)で書かれた案内板	点字や音声で伝達			○						
	小さい文字で書かれた案内板	文字を大きくする、点字や音声の使用				○	○	○			
	漢字で書かれた案内板・看板	ひらがな表記にする						○			
	現地語で書かれた案内板・看板	多言語表記、ピクトグラムの使用									○

白石(1995)、日比野(1999)、福島ほか(2003)などに基づき筆者作成。

外国人については，日比野（1999, p.44）が海外で体験する日本人のハンディキャップを例示しており，おもに外国語の読み書きや伝達をめぐる不自由を問題にしているが，異なる文化のもとで生活する際に遭遇するハンディキャップは，なにも言語の問題に限ったことではない。その他にも，たとえば欧米と日本との間での住居表示方式の違いや，街並みや道路パターンの違いが，日本に在住する外国人や日本人の海外渡航者に空間認知・空間行動での混乱や不自由をもたらすこともあるし，文化によって空間の表現・伝達方法や地図を読み書きする能力に違いがあるという報告もある（井上，1998；鈴木，2000；髙井，2000）。

　したがって，ハンディキャップが空間認知や空間行動に顕在化する過程を捉えるには，具体的な行動の場面での身体を媒介とした環境と人間との相互交渉を視野に入れる必要があり，これまでの行動地理学の方法やモデルは見直しを迫られる。そうした見直しに際して，個人レベルでのよりミクロな研究を手がけてきた心理学との共同作業は，よりいっそう重要性を帯びてくる。この場合，ハンディキャップを個人の空間的能力に結びつけて捉えがちな心理学者と，個別の社会的・物的環境との関わりでそれを理解しようとする地理学者は，補完的な関係にあるといえる。

　たとえば，視覚障害者の空間的能力に関する心理学での研究を例にとると，イギリスでは晴眼者との差が顕著に表れる傾向がみられるのに対し，アメリカ合衆国の研究では晴眼者との間で重要な差はないという結果が多く報告されているが，これは各々の国の社会的・政治的背景によるものと考えられる（Kitchin, et al., 1997b；若林，1999, p.209）。つまり，温情主義的な障害者福祉政策がとられてきたイギリスと，自立生活に重きをおいたアメリカ合衆国とでは，障害者を取り巻く状況が異なるために空間的能力の発達や現れ方に差が生じる可能性がある。また交通計画においても，アメリカでは公共交通機関への障害者のアクセスが権利として保障され，事業者への改善が義務付けられているのに対し，イギリスでは費用対効果を考慮して公共交通機関と障害者専用のSTS（Special Transport Service）を使い分けるという違いがある（白石, 1995, p.166）。このような障害者を取り巻く地域的状況のみならず，それが時代によっても変化していることは，Gleeson（1999）が明らかにしている。そのため，調査の対象となった地域や時代の状況に即して研究結果を解釈し直すことは，地理学者が担うべき役割の一つになるだろう。

また，空間的能力の性差に関する研究では，一般に女性の方が男性よりも劣るという結果が多く得られている（田中，1998；竹内，1998）。そうすると，女性は空間認知・空間行動になんらかのハンディキャップを負っていることになるが，それが顕在化する日常生活の場面に即して考えると，必ずしも生得的な能力差として片づけるわけにはいかない場合もある。たとえば，地理学の中でもジェンダー研究や時間地理学の分野で空間行動や空間認知の性差に関する研究が蓄積されている（Hanson and Pratt, 1995；荒井ほか，1996）が，成人男女の行動圏の差については，労働市場の性差に由来する通勤距離の短さ，自家用車を利用できないことからくる公共交通機関依存度の高さ，家事・育児の責任，犯罪への恐怖心などによって，女性の方が男性より行動圏が狭いことが明らかになっており，これは社会的・文化的性差（ジェンダー）に起因する性別役割分業の結果として捉えられる。そうした行動圏の性差が子どもにもみられることは，Lynch（1977）が行った4カ国の児童の行動圏と手描き地図の比較調査の結果にも表れており，国によって性差の表れ方はやや違ったものとなっている。これは親の養育態度をはじめとする社会的・文化的状況によって性差の現れ方が異なることを示している。そうした異なる社会や文化の間での比較を通して空間的能力の性差の問題を考えてみることも，心理学と地理学での共同作業の中では重要になるだろう。

　このように，空間的能力の性差の有無やその原因については，まだ不明な点が多いが，最近になって日本の都市計画でも女性の視点を取り入れることの重要性が唱えられるようになったのは，既成の都市計画が男性本位でジェンダー・ブラインドだったことの裏返しといえる。たとえば，桂坂の会・女の目で見るまち研究会編（1987）は，男性なら見落としてしまうような街なかのバリアを女性の視点から拾い上げた興味深い試みで，都市計画学会の機関誌『都市計画』（1998年3号）でも「女性の視点を問う」という特集が組まれている。しかし，都市空間との関わり方の男女差が何に起因するのかを不問としたまま，女性の視点だけを強調するのは，ある意味では性別役割分業を固定化し，性差の由来を構造的に理解するのにつながらないかもしれない。これと同じことは，障害者・高齢者・子ども・外国人といったハンディキャップをもつ人たちの視点からみた都市空間を議論する場合にも当てはまる。心理学と地理学とが共同でこの問題に取り組む意義は，そうした人たちのハンディキャップの由来を，環境と人間主体の両面から総合的に理解することにあるといえるだろう。

5．おわりに

　本稿で述べてきたように，空間認知や空間行動に関わるハンディキャップの多くは，環境条件によってもたらされることは明らかである。そうしたハンディキャップの由来を理解し，対策を考えるにあたっては，個人の能力だけでなく，取り巻く状況の中で理解する必要があるため，必然的に生態学的アプローチが求められることになる。そう考えると，研究対象は障害者に限らず，子ども，女性，外国人，など様々な集団が含まれる。それは同時に，「すべての人が人生のある時点で何らかの障害を持つ」ことを発想の起点にしたユニバーサルデザイン（北岡 2002，p.12）の考え方にもつながるはずである。

　以上の点をふまえて，地理学と心理学との間で対話を進めるには，研究の目標・概念・方法論の共有が前提になると考えられる。その上で，両分野の間で何を相互に補い合えるのかを考えるべきであろう。かりに生態学的アプローチを共通の土台とすると，少なくとも認知や行動を取り巻く状況や環境の成り立ちを理解するのに地理学者が貢献できる可能性がある。

　心理学者の中でも生態学的アプローチの提唱者の一人である Bronfenbrenner（ブロンフェンブレンナー，1996）は，認知や行動を取り巻く状況としての環境の重層的な構造を，マクロ（macrosystem）－エクソ（exosystem）－メゾ（mesosystem）－マイクロ（microsystem）という四つのシステムによって区別して捉えている。これは，おもに対人関係を中心とした社会的環境を念頭に置いて区分されたものであるが，地理的環境の空間スケールと対応させると，世界－国・地方（自治体）－地域社会－家庭，という対比もでき，地理学者と心理学者が共有できるフレームワークの一つになると考えられる。生態学的アプローチがめざすのは，つまるところ，こうした空間認知・空間行動を，それが発生する場としての環境の重層的な成り立ちと結びつけて理解することにあるといえるだろう。その場合，地理学者が担うべき役割の一つは，マクロからマイクロまでの異なるシステム（あるいは空間スケール）の間の相互の関連性を，現実の物的環境に即して明らかにすることではなかろうか。

　脱稿後，本稿の内容に関連する次の文献が発表されたので追記しておく。宮澤　仁編著（2005）:『地域と福祉の分析法－地図・GIS の応用と実例』古今書院。

注

1) 本稿でいうところのハンディキャップとは，後述する社会的レベルでの障害としての社会的不利（handicap）ではなく，空間認知や空間行動を行う上での不自由全般を指す。
2) この点に関連する空間の分類として，Tversky et al.（1999）は，①ナヴィゲーションの空間，②身体の周囲の空間，③身体の空間，という三つを区別している。①は一目で見渡せない大規模な空間で，2次元の地図のような一定の系統的歪みを帯びた表象（認知地図）が形成される。②は単一の視点から眺められる3次元の空間で，身体を基準にした前・後，左・右，上・下といった三つの軸の延長で捉えられる。③は，身体の内側と外側から機能・行為・見え方・感覚などを統合して捉えられるものである。このうち，②と③はこれまでの行動地理学ではほとんど対象にされていない。
3) Park et al.（1998）は，地理学における障害者研究の流れを次の三つに分けている。すなわち，①医学・疾病地理学における疾病の空間的分布や健康状態と環境条件に関する研究，②社会・政治地理学における障害者施設の立地紛争や社会的公正に関する研究，③行動地理学における障害者個人の空間認知・空間行動の研究である。これらは，石川・長瀬（1999,p.17）が分類した，障害をめぐる医学モデル，社会モデル，個人モデルにそれぞれ対応している。
4) この他，Area（2000, Vol.32, No.1），Urban Studies（2001, Vol.38, No.2），Canadian Geographer（2003, Vol. 47, No.4）などでも障害者に関する特集が組まれている。
5) WHOが1980年に作成したこの分類は，ICIDH（国際障害分類）と呼ばれている。2001年にはこれを改訂して，ICF（国際生活機能分類）を作成し，能力障害を活動（activity）に，社会的不利を参加（participation）に，それぞれ呼び換えている。しかし，障害を三つのレベルに区分している点は変わっていない（佐藤・小澤，2003）。

文献

荒井良雄・川口太郎・岡本耕平・神谷浩夫編訳（1989）：『生活の空間　都市の時間』古今書院．
荒井良雄・岡本耕平・神谷浩夫・川口太郎（1996）：『都市の空間と時間－生活行動の時間地理学－』古今書院．
石川　准・長瀬　修編著（1999）：『障害学への招待』明石書店．
井上京子（1998）：『もし「右」や「左」がなかったら』大修館書店．
大野智也（1988）：『障害者は，いま』岩波書店．
岡本耕平（1998）：行動地理学の歴史と未来．人文地理，50, 23-42.

小澤　温（1996）：リハビリテーションの現状と課題．定藤丈弘・佐藤久夫・北野誠一編『現代の障害者福祉《これからの社会福祉⑤》』有斐閣，109-138．

桂坂の会・女の目で見るまち研究会編（1987）：『女のまちづくり宣言　京都発』学芸出版社．

北岡敏信（2002）：『ユニバーサルデザイン解体新書』明石書店．

ギブソン, J.J. 著，古崎　敬ほか訳（1985）：『生態学的視覚論』サイエンス社．Gibson, J.J.（1979）: *The Ecological Approach to Visual Perception*. Houghton Mifflin Company, Boston, .

小駒恭子（1996）：交通施設におけるシニア体験－インスタント・シニア－．都市計画，204，48-51．

佐藤久夫・小澤　温（2003）：『障害者福祉の世界　改訂版』有斐閣．

白石真澄（1995）：『バリアフリーのまちづくり』日本経済新聞社．

杉田　聡・今井博之（1998）：『クルマ社会と子どもたち』岩波書店．

鈴木晃志郎（2000）：地図化能力の発達に関する一考察－生まれ持つのか，習得するのか－．人文地理，52，385-399．

髙井寿文（2000）：社会・文化的状況を考慮した外国人向け「まち案内」の提案－日系ブラジル人の手描き地図の分析から－．地理情報システム学会講演論文集，9，367-370．

竹内謙彰（1998）：『空間認知の発達・個人差・性差と環境要因』風間書房．

田中富久子（1998）：『女の脳・男の脳』日本放送出版協会．

津田美和子（1999）：『視覚障害者が街を歩くとき』都市文化社．

ナイサー, U. 著，古崎　敬・村瀬　晃訳（1978）：『認知の構図』サイエンス社．Neisser, U.（1976）: *Cognition and Reality: Principles and implications of cognitive psychology*. W.F. Freeman and Company, San Francisco.

西垣　通（1999）：『こころの情報学』筑摩書房．

日比野正巳編著（1999）：『図解　バリアフリー百科』TBSブリタニカ．

福島　智・矢田礼人・前田晃秀（2003）：バリアフリーのまちづくり．大西　隆ほか編『都市再生のデザイン』有斐閣，235-264．

ブロンフェンブレンナー, U. 著，磯貝芳郎・福富　護訳（1996）：『人間発達の生態学』川島書店．Bronfenbrenner, U.（1979）: *The Ecology of Human Development*. Harvard UP.

本間昭信（2001）：「認知地図」で考える視覚障害者の生活空間②．地理，46（3），54-59．

米田　巌・潟山健一訳編（1992）：『心のなかの景観』古今書院．

正高信男（2000）：『老いはこうしてつくられる』中央公論社．

三嶋博之（1998）：認識の原点は「頭」か「身体」か．丸野俊一編著『シリーズ　心理学のなかの論争 [1] 認知心理学における論争』ナカニシヤ出版，31-53.

三谷　豪・杉浦芳夫・山根　拓（1995）：多摩ニュータウン諏訪・永山地区における高齢者の分布とその住環境評価に関する研究．総合都市研究，56, 5-35.

三星昭宏・新田保次（1995）：交通困難者の概念と交通需要について．土木学会論文集，518／Ⅳ-28, 31-42.

宮澤　仁（2000）：「バリア・マップ」で考える肢体不自由者の生活空間①．地理，45(11), 73-79.

宮澤　仁（2004a）：多摩ニュータウン早期開発地区における下肢不自由者の生活環境評価と外出時のアクセス戦略．地理学評論，77, 133-156.

宮澤　仁（2004b）：都市の建造環境とインアクセシビリティー多摩ニュータウンの早期開発地区を事例地域にー．人文地理，56, 1-20.

山野正彦（1998）：『ドイツ景観論の生成』古今書院．

山本利和（1993）：『視覚障害者の空間認知の発達』二瓶社．

若林芳樹（1985）：行動地理学の現状と問題点．人文地理，37, 148-166.

若林芳樹（1995）：環境と人間行動の時空間的秩序．菊地俊夫・若林芳樹・山根　拓・島津俊之著：『人間環境の地理学』開成出版，145-161.

若林芳樹（1999）：『認知地図の空間分析』地人書房．

若林芳樹（2003）：空間認知とGIS．地理学評論，76, 703-724.

Allen, G. L.（1999）: Cognitive abilities in the service of wayfinding: a functional approach. *Professional Geographer*, 51, 554-561.

Butler, R. E.（1993）: Geography and vision-impaired and blind populations. *Trans. Inst. Brit. Geogr.*, N.S. 19, 366-368.

Butler, R. and Bowlby, S.（1997）: Bodies and spaces: an exploration of disabled people's experiences of public space. *Society and Space*, 15, 411-433.

Gärling, T., Böök, A. and Linberg, E.（1984）: Cognitive mapping of large-scale environments: the interrelationship of action plans, acquisition, and orientation. *Environment and Behavior*, 16, 3-34.

Gärling, T. and Golledge, R.G. eds.（1993）: *Behavior and Environment*. North-Holland, Amsterdam.

Gleeson, B. J.（1996）: A geography for disabled people? *Trans. Inst. Brit. Geogr.*, N.S. 21, 387-396.

Gleeson, B. J.（1999）: *Geographies of Disability*. Routledge, London.

Golledge, R. G.（1993）: Geography and the disabled: a survey with special reference to vision impaired and blind pupulations. *Trans. Inst. Brit. Geogr.*, N.S.18, 63-85.

Golledge, R. G. ed. (1999) : *Wayfinding Behavior: Cognitive mapping and other spatial processes.* Johns Hopkins UP, Baltimore.

Golledge, R. G., Jacobson, R.D., Kitchin,R. and Blades, M. (2000) : Cognitive maps, spatial abilities, and human wayfinding. *Geographical Review of Japan*, 73B, 93-104.

Golledge, R. G. and Stimson, R. J. (1997) : *Spatial Behavior: A geographic perspective.* Guilford Press.

Granö, J.G. (1929/1997) : *Pure Geography.* Johns Hopkins UP, Baltimore.

Hanson, S. and Pratt, G. (1995) : *Gender, Work, and Space.* Routledge, London.

Imrie, R. (1996a) : Ableist geographies, disableist spaces: towards a reconstruction of Golledge's 'Geography and the disabled'. *Trans. Inst. Brit. Geogr.*, N.S. 21, 397-403.

Imrie, R. (1996b) : *Disability and the City: International perspectives.* Paul Chapman Publishing, London.

Kitchin, R. M., Blades, M. and Golledge, R. G. (1997a) : Relations between psychology and geography. *Environment and Behavior*, 29, 554-573.

Kitchin, R. M., Blades, M. and Golledge, R. G. (1997b) : Understanding spatial concepts at the geographic scale without the use of vision. *Progr. in Hum. Geogr.*, 21, 225-242.

Kitchin, R. and Freundschuh,S. eds. (2000) : *Cognitive Mapping: Past, present and future.* Routledge, London.

Longhurst, R. (1995) : The body and geography. *Gender, Place and Culture*, 2, 97-105.

Lynch, K. (1977) : *Growing Up in Cities.* UNESCO Press, Paris. リンチ, K. 著, 北原理雄訳 (1980):『青少年のための都市環境』鹿島出版会.

Park, D. C., Radford, J. R. and Vickers, M. H. (1998) : Disability studies in human geography. *Progr. in Hum. Geogr.*, 22, 208-233.

Pepper, S. C. (1942) : *World Hypotheses.* Univ. of California Press, Berkeley.

Portugali, J. ed. (1996) : *The Construction of Cognitive Maps.* Kluwer Academic Publishers, Dordrecht.

Rodaway, P. (1994) : *Sensuous Geographies: Body, sense and place.* Routledge, London.

Tversky, B., Morrison, J. B., Franklin, N. and Bryant, D.J. (1999) : Three spaces of spatial cognition. *Professional Geographer*, 51, 516-524.

第2章　空間移動にかかわる心理学の諸理論

加藤義信

1. 心理学は空間の何を問題にするのか？

　筆者は毎日の通勤電車のなかで本を読む。多くの場合，席に座って読み始めれば，30分間は本の世界に没頭し，車内の人混みや車窓を流れる景色に気をとられることはない。それでも降車駅が近くなれば，なんとなく本の世界から意識が現実へと戻り，乗り過ごす失態をこれまでほとんど経験することなく済んできた。それは，格別自慢にもならない，多くの人が電車の中で当たり前に行っていることの一つであろう。ところが最近，立て続けに数回，奇妙な体験をすることになった。電車が動き出して十数分後，本から目を離し窓ガラス越しに外を見ると，そこには見慣れた景色が展開しているはずなのに，一瞬，真新しい，まったく未知の風景の中を自分がどこかへ運ばれていくような感覚がよぎったのである。そのとき私は，全身が一挙に凍りついて不安になった。幸いなことにこの体験は一瞬であり，やがて車窓の風景のなかになじみのランドマークや参照系となる遠景の山並みが同定されて，何事もない電車の中の日常が戻ってきた。一瞬見失われた「私」のこの世界での位置は，親しい風景のなかに再び見いだされたのである。

　このエピソードは何を物語っているだろうか。まず第一は，人は自分がどこにいるかわからなくなると（空間定位の喪失），多かれ少なかれパニックに陥るということである。それだけ，自己の空間定位とは，人間にとって根元的な何かなのだ。第二は，そうした定位は日常においては不断にかつ自動的に行われており，必ずしも意識にのぼる必要はないということだ。つまり，私たちが空間内で行動するとき，その行動がスムーズに流れている限り，私たちは空間そのものを意識しない。逆に言えば，空間行動の流れが何らかの契機によって切断されたり，押しとどめられたりしたとき，また，空間行動を導く手がかりが少なくてはじめからそこに障害が予想されるとき，私たちは眼前に広がる「空間」とその「空間」を前に逡巡する「私」を同時に見いだすことになる。

いま，私たちがそのなかで行動している空間そのものを物理的・地理的空間と名付け，「私」によって意識化された空間，「私」の心の中に現象する空間を心理的空間と名付けることにしよう。そうすると，私たちが適応的に行動しているときには，物理的・地理的空間と心理的空間とをことさら分化させて考える必要のないことがわかる。別の表現を用いれば，二つの空間は行動において統一されていると言ってもよい。ところが，ふっと上記のエピソードのような体験をしたり，また本格的に「道に迷う」といった事態に陥ると，にわかに二つの空間の間に亀裂が入る。心理的空間に物理的・地理的空間を同化できなくて行動が滞る。上のエピソードの例で言えば，地点 A から地点 B への移動にともなって私たちは通常，地点 A に関連付けて地点 B を把握する（自己定位の updating）のだが，何かの拍子にこの関連付けを断ち切られたり，現在の地点 B から得られる情報を過去の移動によって心のなかに蓄えられたさまざまな地点の情報のいずれかとマッチングできないと，私たちは自分の位置を見失う。そこで，現在目の前にある物理的・地理的空間からの情報が改めて探索される（つまり，物理的・地理的空間の様態が改めて意識化される）ことになり，何とか私たち内部の心理的空間の図式にその結果をうまく取り込むことができれば，適応的な空間行動が回復する。

　さて，このような考察を行ってきたのは，心理学における空間研究の焦点をあらかじめ明らかにしておきたいからである。心理学では，物理的・地理的空間と心理的空間の二分法を前提にして，後者を問題にする。この二分法自体が空間に関する長い思考の歴史の産物であるのだが（加藤，1995），ともかくも，行動を媒介として二つの空間が結びつけられ，ときに乖離してはまた結びつくといった運動として空間問題を考える伝統が，過去 1 世紀の心理学のなかで作られてきた。この場合，心理的空間といったとき，物理的・地理的空間を認識するときの主体の側に備わるメカニズム（認識の形式）と，物理的・地理的空間の主体への反映内容（認識の内容）とが，実は同時に含意されている。類似の区別の必要性を指摘した Liben (1981) は，前者を「空間思考（spatial thought）」，後者を「空間貯蔵（spatial storage）」と呼んだが，ここではより意味が明瞭となるよう，前者を「空間情報の心的処理機構」，後者を「空間知識表象」と呼ぶことにして，その関係を全体として図示すると，図 2-1 のようになる。

　筆者の理解では，地理学は「地表上に広がるさまざまなものの分布，形態」

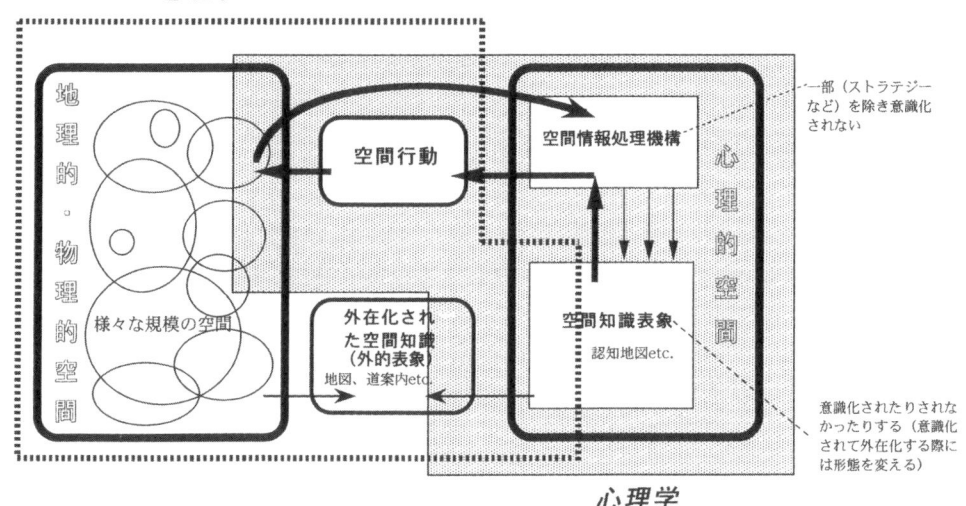

第2章　空間移動にかかわる心理学の諸理論　25

地理学

［図：地理学と心理学の対象領域を示す概念図。「地理的・物理的空間」「様々な規模の空間」「空間行動」「外在化された空間知識（外的表象）地図、道案内etc.」「空間情報処理機構」「空間知識表象　認知地図etc.」の各要素と、「一部（ストラテジーなど）を除き意識化されない」「意識化されたりされなかったりする（意識化されて外在化する際には形態を変える）」との注記。］

心理学

図 2-1　地理学と心理学の対象領域

を「人間的活動の空間的展開」との関係において理解しようとする学である。だとすれば、地理学の対象は、主に図 2-1 の「物理的・地理的空間」と「空間行動」、「外在化された空間知識」（主に地図という形態をとる）の全体と「空間知識表象」の一部を含む。それにたいし、心理学の対象は、「空間情報の心的処理機構」を中心として、それに「空間行動」と「空間知識表象」が加わった範囲であり、これらの分析の必要性から「物理的・地理的空間」と「外在化された空間知識」の一部が取り上げられることもある。このテリトリー区分は、地理学と心理学の関心の違いについて論じた若林 (1999) の整理とも、基本的に一致するといってよいだろう。

　このような整理の上で、ハンディキャップをもつ人々の空間行動に焦点を当てたとき、地理学と心理学が共通に対象とする領域とそれぞれの固有の研究領域がもっとよく見えてくるように思う。周知のように、ハンディキャップをもつ人々の空間行動は、移動に供せられる物理的・地理的空間が健常者の標準にそって作られている限り、大きな困難に遭遇する。健常者にとって 20 cm, 30 cm の段差は格別の意味をもたなくても、車椅子で移動する人々にとっては移動を阻む大きな障害となるであろう。このような場合、地理学と心理学は空間行動に共通の焦点を当てながら、ハンディキャップをもつ人々の立場にたって

物理的・地理的空間の"隠れた"問題を暴き出し組み替えていくことに貢献できるだろう。また，地理学と心理学はそこで独自の役割も期待されるはずである。たとえば，車椅子の人々のために移動地図を作製することなどにみられるように，ハンディキャップをもつ人々に必要な物理的・地理的空間の知識を再構成して提供する仕事などは，地理学の貢献領域であろうし，視覚障害者に固有な空間情報の処理様式の研究を基礎としつつ，どのような移動訓練がこうした人々の空間行動の促進に役立つかを考えることは，心理学の任務となろう。

はじめのエピソードに戻ることにしよう。「通い慣れた移動空間のなかで，一瞬，自己の空間定位を失う」といった個人の体験は，地理学では重要な問題を暗示する現象とは受けとめられないかもしれない。ところが心理学では，それが「空間情報の心的処理機構」の働きにかかわる本質的な問題を含んでいると思われる限り，大きな関心の対象となるのである。つまり，心理学における空間研究の中核部分は，心理的空間のなかの「空間情報の心的処理機構」といえよう。

ただ，これまでの空間にかかわる心理学諸理論が真正面からこの中核部分にメスを入れてきたかといえば，必ずしもそうではない。「空間知識表象」の様態に関する記述的なレベルの理論はさまざまに展開されてきたが，この「機構（メカニズム）」の全体に迫る理論の提起は，これまでのところ多くはない。私たちの「空間行動」理解を促し，現実の諸問題の解に貢献できる心理学理論の構築は，依然としてこの分野の課題として残されているといえよう。

以下，心理学における空間の諸理論を紹介するが[1]，図2-1を念頭におきつつ，まず「空間知識表象」の性質に関する諸理論を概観し，続いて「空間情報の心的処理機構」そのものに関わる理論的提起のうち何が重要かの整理を試みたい。

2．空間知識表象の性質に関する理論

2-1.「認知地図」概念の誕生－Tolmanの理論－

空間内での移動に焦点を当てた心理学理論のパイオニアは，行動主義の系譜に属するTolmanである。1930年代から1950年代にかけて活躍した行動主義の心理学者のほとんどがそうであったように，Tolmanも動物実験による学習のメカニズムの解明に精力を傾注したが，やがて刺激と反応の連鎖の学習として行動形成を考える正統的な行動主義とは大きく異なる理論的立場に立つよう

になる。そのきっかけとなったのは，潜在学習（latent learning）という現象への注目であった。正統派行動主義の考えに基づけば，動物が迷路を学習するのは，ゴール地点で餌が与えられることによって正しい経路を選んだ反応が強化されるからであり，迷路が複雑になっても強化の反復経験を通してこうした正しい反応の連鎖がしだいに形成されていくからである。ところが，Tolman and Honzik（1930, Tolman, 1948 より引用）は次のような実験を行うことによって[2]，この考えが事実に合致しない場合があることを確かめた。まず，T型迷路を14組み合わせた複雑な迷路を作り，11日目から迷路のゴールで餌が与えられる群（潜在学習群），全期間にわたって餌が与えられる群（統制群1），はじめから最後まで餌が与えられない群（統制群2）の3群にねずみを分けた。そして実際にそれぞれの群の学習曲線がどのようになるかを調べたところ，図2-2のような結果が得られた。つまり，潜在学習群では餌が与えられるようになるまでほとんど迷路学習が行われないが，餌が与えられた11日目からは誤反応が急速に減少し，翌12日目には初めから餌が与えられた群に勝るとも劣らない成績をおさめるまでになった。もし刺激－反応結合強化理論が正しければ，潜在学習群では強化は11日目からはじまるのであるから，この日を起点に統制群1と同様の緩やかな学習曲線が描かれてしかるべきである。ところがそうはならなかった。つまり，Tolmanによれば，無報酬の試行の間にも「環境のフィールド・マップのようなもの（something like a field map of the environment）が，ねずみの脳内に形成され」ていたのであって，だからこそ，ねずみは餌が与えられるや否やその「マップ」を利用して正しい反応を構成することに成功したのである。Tolman は，この「環境のフィールド・マップのようなもの」を「認知地図（cognitive map）」と呼び，環境の学習は刺激（入力）－反応（出力）の単純な結合連鎖によって行われるのではなく，中枢における入力情報の精巧な処理の結果，神経系内に環境の空間的諸関係を写した仮のこうした認知地図ができることによって行われるとしたのである。

　Tolman が認知地図の存在を示す証拠として挙げた実験的事実は，潜在学習だけではない。なかでも，迷路学習が場所そのものの手がかりの学習によるのか（場所学習：place learning），生活体自身の反応（左右に曲がる際の筋肉運動的記憶）連鎖の学習によるのか（反応学習：response learning）についての論争に決着をつけようとした実験は有名である。彼は前者に軍配を挙げることによって，ねずみの学習が迷路内刺激の空間的布置に関する包括的知識の学習で

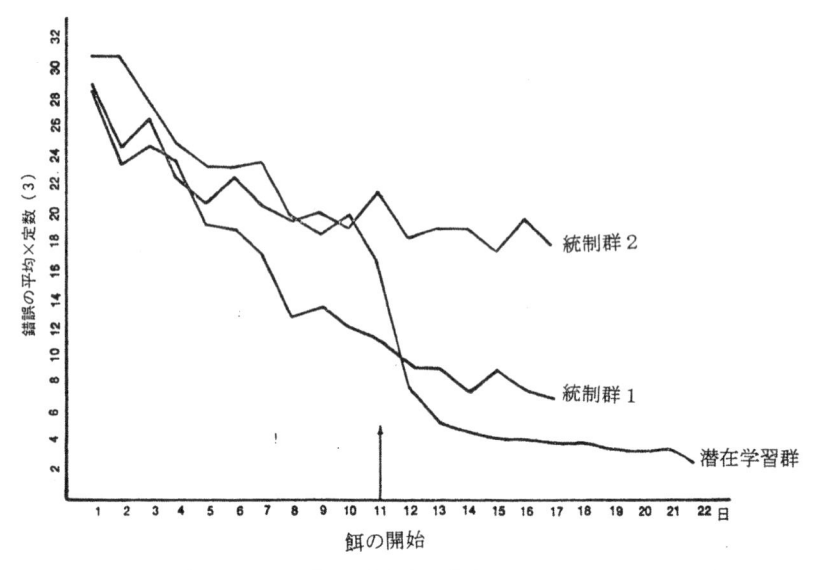

図 2-2　迷路におけるねずみの潜在学習曲線（Tolman and Honzik, 1930）
＊統制群 1 は全期間にわたって餌が与えられる群，統制群 2 はまったく餌があたえられない群

あることをいっそう明らかにしたのである。

　Tolman の「認知地図」概念は，その成立の過程からして，初期には S － R 理論に代わる動物の環境学習の説明概念であった。しかし，この概念は 1960 年代以降，人間の空間行動を理解するための記述的構成概念として拡張して使用されていくことになる。

　後にこの点にふれるが，その前に Tolman（1948）がこの概念にどのような内包をこめて使用したかを，改めて整理しておこう。もう一度，Tolman 自身の用いた表現を思い出してみよう。迷路内を移動するねずみのパフォーマンスを，それまでの行動主義的な学習心理学が仮定した単純な刺激－反応結合では説明しきれないと感じたとき，彼は「環境のフィールド・マップ<u>のようなもの</u>が，ねずみの脳の中に形成される」と確信したのであった。実は，このときからまさに，「認知地図」という概念は，「のようなもの」という比喩的意味を内包する運命から逃れられなくなったのである。Tolman の考える地図「のようなもの」とは，大脳中枢の高次のレベルで選択的に形成された，環境のパターン化された複雑な知識表象のことであり，このような知識表象の存在によって動物や人間は，環境が与える瞬間，瞬間の刺激によって制約された行動とは異なる

目的的な移動が行えるとされる。つまり，①内的な構造化された空間知識表象が存在すること，②そのような知識表象は，生活体の意図的で選択的な環境との関わりを通して形成されること，③目的的な移動にとってそのような知識表象は必須であること，の三つが Tolman の「認知地図」概念の主要な内包であり，このときまさに，構造的にも機能的にも実際のカートグラフィックな地図との同型性を彼が暗黙のうちにイメージしていたことは間違いない。

Tolman 以降，50年以上の長きにわたり心理学において使用されてきた「認知地図」概念は，この三つの意味内包を基本的には保持してきたと考えてよい。とりわけ，人間の「認知地図」の場合は，上記三つの性質を有する空間の知識表象であるとの前提が自明のこととして広く受け入れられていくことになる。

2-2.「認知地図」概念を発展させた諸理論

Tolman の「認知地図」概念は，動物実験から生まれたということもあり，心理学の内部ではそのまま一直線に人間の空間行動を理解するキー概念として発展していかなかった。そもそも，心理学が本格的に大規模空間内での人間の行動を研究対象として取り上げるに至るのは，1970年代に入ってからであり，既に1960年代に行動地理学を成立させていた地理学（岡本，2000）や，Lynch（1960）の都市のイメージ研究に代表される建築学，都市計画学に大きく先を越されることになった。例外的には，1960年代初頭に旧ソビエトのShemyakin（1962）が，大規模空間の知識表象を心的地図（mental map）と呼び，そのタイプとして，ルート・マップ（route map）とサーヴェイ・マップ（survey map）の二つを区別する必要性を提唱していたが，これが心理学で注目をあびるようになるにはさらに10年以上の年月が必要であった。

ルート・マップとは，実際の移動ルートを心的にたどることによって構成される系列的な表象をさし，サーヴェイ・マップとは，空間内の諸対象の位置が相互に関係付けられた全体的な表象をさす。この区別は，ときに異なった用語が使用されることはあっても，のちに心理学の「認知地図」区分の基本用語として定着していくことになる。

(A) Siegel と White の「認知地図」発生図式

1970年代になると，心理学者も地理学者や他領域の研究者と共同で大規模空間における人間行動の研究に取り組むようになるが（Hart and Moore, 1973），心理学固有の研究発表の場で大規模空間の知識表象タイプ（＝認知地図）

とその発達論について，はじめて本格的に論じたのは，Siegel and White（1975）であった。

彼らは，大規模空間の知識表象を構成する要素として，ランドマークとルートとゲシュタルト的知識表象（configurations）[3]を考え，この三つがどのような過程をたどって全体の知識表象が発展していくかを問題とした。そのときに彼らは，子どもにおけるマクロな発生過程（年齢に伴う発達的変化）と大人におけるミクロな発生過程（新しい環境を学習していく過程）とを同型のものとして考えることを提案し，次のような変化のプロセスを描いてみせた。

①最初に，個々のランドマークが認知され記憶される。②続いて，特定のランドマークを参照点として利用できるようになる。行為や決定はこうしたランドマークと結びついて記憶されているので，ランドマークが与えられればその地点で行った経路選択を思い出すことができ，その結果，ランドマークの系列としてルートの表象が可能になる。③さらに次の段階では，複数のランドマークやルートが統合されていくつかのクラスターが形成される。しかし，クラスターどうしが互いに関連付けられてまとまりある全体的表象を構成するまでには至らない。④やがて，客観的な参照系が形成されるとともに，その中にすべてのルートが位置付けられることによって，ゲシュタルト的な知識表象の集合としてのサーヴェイ・マップが出来上がる。

Siegel and White（1975）の発生過程図式は，ランドマークの認知と記憶を出発点におくものの，基本的には「ルート・マップからサーヴェイ・マップへ」として定式化される図式と同じであって，今日までの空間認知研究において広く受け入れられている。たとえば，Evans et al.（1981）は，フランスの都市ボルドーをはじめて訪れ長期滞在したアメリカの大学生たちが次第に町に馴染んでいく過程をスケッチ・マップ法によって調べたところ，学生たちは個々のランドマークをすぐに覚えることができたが，都市内のルートのつながりを理解するには時間がかかり，ルート相互の全体のイメージを描けるようになるにはさらに多くの日数を要したと報告している。この結果は，Blades（1997）によれば，大人での認知地図のミクロな発生過程（新しい環境を学習していく過程）が，SiegelとWhiteの描く発生図式に一致することを示している。関連する子どもの発達過程のデータとしては，Cousins et al.（1983）や谷（1980）の研究があり，とくに後者はサーヴェイ・マップ型表象が小学校4年生頃に成立することを示していて興味深い。

(B) 認知地図タイプの精緻化－Hart と Berzok の5タイプ－

　大規模空間の知識表象（＝認知地図）タイプをルート・マップとサーヴェイ・マップの二つに区別し，前者から後者への移行を説く理論は，記述的な水準でみても，かなり大ざっぱな理論の誹りを免れない。また，この理論からは，子どもの認知地図が一定の経験を積んでもルート・マップ型に留まり，大人の認知地図は必ずいつかはサーヴェイ・マップ型に移行するといった誤解も生まれる。そこで，この2分法を基本的には踏襲しながら，もう少し精緻な分類を試みたのが，Hart and Berzok（1982）である[4]。

　彼らは，ルート・マップ型（彼らの用語では，系列的方略：sequential strategies）を，順序マッピング（ordinal mapping），間隔マッピング（interval mapping），正確なルート・マッピング（accurate route mapping）の三つの水準に分け，また，サーヴェイ・マップ型（同時表示方略：simultaneous display mapping）も，緩い位相的マッピング（loose topological mapping）と正確な同時表示方略（accurate simultaneous strategies）の二つに分けた。

　順序マッピングとは，もっぱら系列上の対象の順序に関する情報だけを保持しようとするルート・マップであり，間隔マッピングはそれに距離の情報を加え，正確なルート・マッピングはさらに方向の情報を付加したルート・マップである。たとえば，筆者の住む名古屋の地下鉄東山線を正確なルート・マッピングで描けば，図2-3 A のようになるが，間隔マッピングでは方向は無視しても距離だけを正確に再現すればよいため，図2-3 B のようであってもよいことになる。さらに，順序マッピングでは隣り合う駅どうしの並びだけが情報として保持されればよいので，図2-3 C のような再現が許されることになる。実際，私たちが地下鉄を利用する場合，たいていは順序マッピング水準の認知地図だけで十分であって，困らない。自分の降りなければならない駅が現在の地点からどれぐらい遠くにあるかを知っていればなお望ましいが，それでも間隔マッピング水準の表象があれば事足りる。事実，筆者は，例に示した地下鉄線の利用者に正確な路線マップをスケッチするよう求めてみたが，ほとんどの者がせいぜいのところ，間隔マッピング止まりの水準の地図しか描けなかった。

　サーヴェイ・マップ型のうち，緩い位相的マッピングとは，複数の対象間どうしの空間的関係が相互にできてはいても，それが距離や方向といったユークリッド的情報でなく包摂関係（中にあるか外にあるか）や遠近の二値的区別にもっぱら依存している認知地図をさす。それに対し，正確な同時表示方略とは，

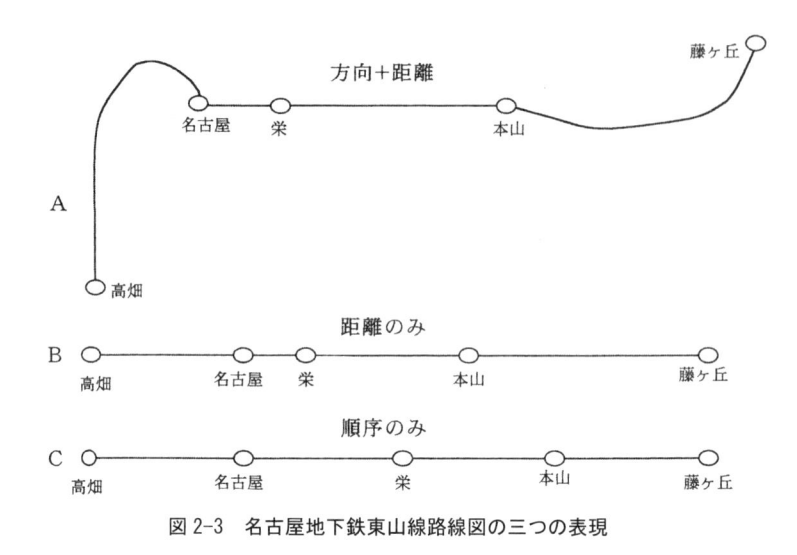

```
                              方向＋距離                          ○藤ヶ丘
                     ○─────○─────────○
                    名古屋    栄          本山
   A
         ○高畑

                              距離のみ
   B  ○─────────○─────○─────────○─────────○
      高畑      名古屋    栄        本山       藤ヶ丘

                              順序のみ
   C  ○─────────○─────○─────────○─────────○
      高畑      名古屋    栄        本山       藤ヶ丘
```

図 2-3　名古屋地下鉄東山線路線図の三つの表現

距離，方向を計量的な情報として含んだサーヴェイ・マップのことをさす。

　ルート・マップとサーヴェイ・マップのそれぞれがこのようにさらに細分化されたタイプに分けられたことによって，「ルート・マップからサーヴェイ・マップへ」の単純な2段階発達図式から次のような見方への移行の可能性が開けることになった。①ルート・マップ内でもサーヴェイ・マップ内でも，それぞれに水準の変化があること，②ルート・マップは常にサーヴェイ・マップよりも認知地図としての水準が低いのではなく，高次のルート・マップは低次のサーヴェイ・マップよりも豊富な情報量を有する場合があること，③認知地図の性質は，移動環境の性質（経路が複雑か単純か，ランドマークが豊富か否か，など）や移動範囲，移動そのものの性質（歩行か，車か，公共交通機関によるか，など）によって規定されること，④したがって，人は高次の認知地図の利用が可能となったあとも，他の水準の認知地図様式を場合に応じて使い分けること。

　①から③は Hart と Berzok が既に指摘しているところであるが，④は認知地図の発達論と関係して，今後興味深い視点となることが予想される。近年，発達心理学では，垂直的，直線的な発達過程のイメージに基づく従来の段階論から，発達過程の複線性や多様性に力点をおく発達論へのシフトがみられるが（やまだ，1995），そうした流れを受けた代表的な概念として，異種混交性の概念がある。異種混交性とは，Wertsch（1991）によれば「世界をどのように表象し，世界にどのように働きかけるかという点での（一個人のなかに存在する）質的

多様性」のことをいうのだが，その質的多様性は発生的なヒエラルキーを前提としなくてもよい。つまり，質の異なる表象（たとえば，本稿でのルート・マップ型表象とサーヴェイ・マップ型表象）が発生的には一定の順序で成立するとしても，いったん成立してしまえば，そこにレベルの優劣による一元的な支配が生まれるのではなく，状況や課題に応じてその都度，複数の表象の使い分けが生ずるのである。空間認知の領域では，こうした考え方に基づいて個体発生や微視発生の過程をみることが今後ますます必要になってくるであろう。

2-3.「認知地図」概念の問い直し

　人間の場合，空間経験に伴ってなんらかの内的表象が形成されることに疑いの余地がなければ，まずそうした知識表象の性質を詳細に記述し，認知地図のタイプ論として発展させていこうとする研究が生まれたのは，当然の成り行きであった。ただ，ここで注意しなければならないのは，タイプ論の発展は基本的には記述概念としての「認知地図」概念の洗練にすぎない。「認知地図」の諸タイプは，知識表象に基づいて産出されたと仮定できるスケッチ・マップの性質を詳細に記述することなどによって，そこから逆に組み立てられた記述的構成概念である。ところが，そうしたタイプ論の展開は，あたかも「認知地図」概念が空間行動の説明概念としても威力をもつかの誤解を生んでいくことになる。1980年代半ば以降，しだいに「認知地図」概念に批判的眼差しが向けられるようになっていくのは，こうした点についてである。

(A)「認知地図」は移動パフォーマンスの説明概念として必要か？

　既に述べたように，認知地図の概念はTolman（1948）による提唱の出発点から三つの意味内包を自明の前提としてきた。そのうちの一つ「移動にとって必須の知識表象」という前提は，大規模空間内の移動パフォーマンスの良否が「認知地図」の性質のレベルや正確さから説明できるとする空間認知研究の「常識」を生むことになる。たとえば，子どもと大人が同じ経路を学習しても，子どもの成績のほうが劣るのは，未熟な，あるいは不正確な認知地図しか形成できないからだ，と説明すれば，もともと記述概念として洗練されてきたはずの認知地図のタイプ論を，いつの間にか説明概念へと昇格させたことになる。

　しかし，巨大ショッピング・モールの中で優れた移動パフォーマンスを示しながら，そのスケッチ・マップたるや何ともお粗末でしかない人もいるし（Passini, 1984），アメリカ・ピッツバーグ市で10年以上の仕事のキャリアを

もちながら，描く地図は現実の地図からはほど遠いルート・マップでしかないベテラン・タクシードライバーもいる（Chase, 1983）。そうした人たちは他の人々に比べ描画表現能力が著しく劣るわけではない。そうすると，彼らの優れたパフォーマンスは，背後にある特定の認知地図の性質からは「説明」できないことになってしまう。この矛盾から生じた疑問をさらに押し進めると，そもそも現実に移動の際に機能している知識表象は「認知地図」的性質の表象ではないのでは，といった根本的問いに行き着くことになる。

(B) ギブソニアン・アプローチからの問題提起

この点でもっともラディカルな問題提起を行っているのは，ギブソニアン・アプローチの人々である。この立場に立つ人々は，環境の直接性から離れて心的に構成される表象が人間の空間行動を導くとは考えない。表象の存在は行動にとって不可欠ではない。では，行動は何によって導かれるのか。Gibson(1979)によると，それは人間をとりまく環境の中にあるアフォーダンス（affordance）である。アフォーダンスとは Gibson の独特の用語で，環境の中にある生体にとっての生態学的な意味の集合をさす。あらゆる生物はその種に固有なアフォーダンスを直接知覚して行動をおこしているのであって，人間も例外ではない。たとえば，人は階段と出会うと，そこに単なる物理的な段差の連なりでない，「昇る」という行動的意味を直接知覚する。ギブソニアン・アプローチの人々は，この事実を「階段は昇ることをアフォードしている」と表現する。移動という空間行動（ナヴィゲーション）も同じであって，この場合のアフォーダンスとは，目標へと至る連続的なヴィスタ（vista：眺め）の流れである。ある経路を移動しているとき，私たちは眼前にたえず後ろへと流れていく一つのヴィスタを知覚する。街角を曲がれば，前方には今まで見えていたヴィスタとは異なる新しいヴィスタが開け，振り返っても今までのヴィスタはもう後景に完全に退いて見えない。このヴィスタとヴィスタをつなぐ点は転換点（transition）と呼ばれ，独特の変化の情報をアフォードする点として機能する。この変化の系列を必ずしも意識的な過程に依存せずに人は学習できるから，一度通った経路をもう一度たどろうとするとき，前もっては経路の全体をほとんどイメージできなくても，ヴィスタの変化に導かれて（アフォードされて）次々に正しい経路を想起し，目的地にたどり着くことができるのである（Heft, 1983；佐々木, 1992）。

ギブソニアン・アプローチの空間行動論には，「認知地図」概念に依拠する

従来の理論とは異なる，次の三つの重要な問題提起が含まれているように思われる。

まず第一は，移動パフォーマンスから切り離された，相対的に独立の，主体内部で構成される知識表象の役割を重視せず，あくまでその都度その都度に生起する人間と環境との直接的相互作用のプロセスとして空間行動をとらえようとする視点である。

第二は，Tolman（1948）が「認知地図」概念使用の出発点ですでに仮定していた行為主体の意図性の問題に関係する。つまり，「認知地図」は，意識的な心的努力や意図的な注意の結果，構成されると考えられてきたが，こうした知識表象自体よりもリアルタイムで進行する人間と空間との相互作用に力点が移行すれば，必ずしも環境への主体の意識的な関わりの側面だけが重要ではなくなってくる。実際，ヴィスタの流動の中から不変項を抽出する過程は，主体の環境への関わりという面で能動的な過程ではあっても意識的過程であるとは言い難い側面をもっている。現実にも，移動にあたって苦労して覚えたランドマークが，次の機会に正しい経路の発見に役立てられるとは限らず（Kato and Takeuchi, 2003），むしろ，交差点であるヴィスタの全体が再び目の前に現れることによって何となくどちらに曲がるべきかわかるといった経験を人はしばしばするであろう。このように考えると，ギブソニアン・アプローチは，空間行動における無意識的な情報処理過程についての研究の重要性を示唆しているともいえる。

第三は，「認知地図」が，移動パフォーマンスから独立の，環境と何らかの形で等価な空間的表象を意味していた点，つまり，その表象の性質が当然のことのように空間的性質をもつと考えられていた点に関係する。ギブソニアン・アプローチでは行動において表象が果たす役割自体に否定的だが，それは移動主体が環境の全体性に関する「知識」を持ち得ないということを意味しない。環境の全体性はしだいに知覚されるのであって，その知覚を「知識」と呼べるとするなら，その「知識」は実は空間的構造をもったものというよりは時間的構造をもったものなのである。Heft（1996）は，移動にともなって一瞬一瞬の眺めにしばられない環境の知覚が成立していく様子を次のように述べている。「環境内のヴィスタが変わっていくことにより，環境内の事物（家や町など）の不変項的構造が知覚され，いまこの瞬間に隠されてあるものも隠されてないものも，一つの環境となる」。つまり，移動（navigation）によって作られる「知

識」とは，ある構造的な時間の流れのなかで明らかとなる不変項のことなのである。この「知識」の時間的構造という視点は，ギブソニアンと異なって表象的知識の役割を重視する立場に立つ人々にも，その知識の性質を考える上での新しい視点を提供していると思われる。

以上，三つの問題提起はいずれも，「認知地図」概念を柱として空間知識表象の性質を論じてきた諸理論の限界を照らし出すことになった。

次に，空間情報の心的処理機構にかかわる理論を通覧したあと，再び，上記の問題提起に戻って今後の研究の展望を考えてみる。

3. 空間情報の心的処理機構に関する理論

この節では，Piagetの理論，参照系に関する理論，空間情報の符号化（encoding）に関する理論，意志決定理論の四つを取り上げる。後者の二つの理論はともかくも，なぜ前者の二つが空間情報の心的処理機構の理論といえるかは，次の理由による。Piagetの理論と参照系の理論は，いずれも知識表象の性質について論ずるのではなく，空間情報の処理に際して主体の側から加わる制約について論じている。情報処理の枠組みについて論じているといってもよい。どちらもたしかに，特定の現象を対象とし，その処理過程内部の詳細をモデル化した認知心理学的な理論と比べると，処理機構の理論というには物足りない。しかし，空間行動のパフォーマンスのレベルを，形成される知識表象の質の反映として了解するだけに終わらず，そうした知識表象がどのように認識の形式（処理機構）に制約されるかを通して理解しようとしている点で，二つは単なる記述でない，説明理論としての要件を備えた理論とみなすことができる。どちらの理論も，こうした認知的制約を年齢と関連付けて論じていることから，発達理論としての性格も併せ持つ。

以上のことを念頭におき，以下四つの理論を順に見ていきたい。

3-1. Piagetの理論

Piagetは，認識発達の一般理論の提唱者として，あまりにも有名である。そのグランド・セオリーの中には，空間認識の発達に関する個別理論とミニチュア空間で主に行われた膨大な実験データが含まれており（Piaget and Inhelder, 1947 ; Piaget et al., 1948），それらは大規模空間における行動の発生的説明理

論としても早くから重視されてきた（Hart and Moore, 1973）。ここでは本章に必要な限りで，Piaget の理論を以下に要約してみよう。

まず，Piaget は空間の何を問題としたかを確認しておこう。Inhelder との共著になっている空間に関する本のタイトルには「表象」という語が現れている。しかし，彼が実際に問題としたのは，空間操作（opération spatiale）であり（Piaget, 1955；加藤，1979），ここでの操作とは実際の行為として外に表れない，心のなかで行われる行為のことをさす。Piaget にとって，そうした心的行為（＝操作）の組織化の進展こそが知能の発達であるのだが，空間の領域でもそうした操作の組織化が年齢とともに進むと考える。

空間操作の組織化の水準には表 2-1 のような三つの段階があると，Piaget は主張する。発達的には最初に位置づく位相的空間操作の段階では，空間的関係を量的関係としてとらえることができず，遠い－近い，離れている－くっついている，中にある－外にある，等の二値的な関係の対立的把握が優位を占める。Piaget は，幼児においてはこうした把握が優位であることの証拠として，図 2-4 にみられるような図形模写課題での反応を挙げている。図 2-4 では，モデル 1, 2, 3 の位相的関係（小さい丸が中にあるか，外にあるか，線上に位置づくか）を子どもは正確に再現するが，モデル 4, 5, 6 の幾何学図形の模写は相互に区別がつかないか，大人の目からみると奇妙な再現になっていることがわかる。

次の射影的空間操作の段階では，二値的空間関係把握を脱して，複数の対象

表 2-1　Piaget の空間操作の発達段階論

段　階	年　齢	特　徴	実験的証拠
位相的空間操作	4歳ぐらいまで	対象の空間関係を接近，分離，包摂などの二項対立的なカテゴリーによって把握している段階	位相的図形や幾何学的図形の模写
射影的空間操作	4歳から9, 10歳ぐらいまで	複数の対象の空間関係を特定の視点に結びつけてとらえることができるようになる段階	3つ山問題などの視点の変換課題
ユークリッド的空間操作	7, 8歳以降	3次元の直交する座標軸の中に対象が位置づけられて，距離，角度などの計量可能な情報の利用が可能	水平性表象課題

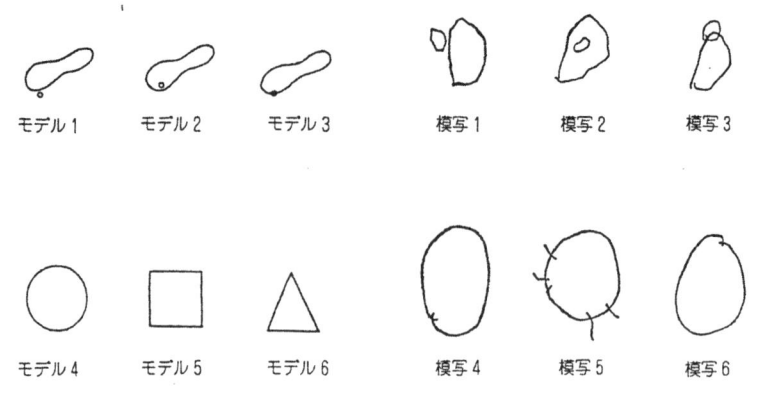

図2-4 3歳半から4歳の子どもの図形複写：位相的空間操作の例
(Piaget and Inhelder, 1947)

の空間的関係を特定の視点に結びつけて捉えられるようになる。しかしまだ，そうして捉えた関係を別の視点からみた関係に変換できないし（たとえば，自己視点から見る空間的関係を他者視点からの見えと区別することが難しい），それらを計量的関係として把握することも困難である。

やがて，7-8歳頃からやっと，距離，方向の角度などの空間の計量的性質に関心が向き，視点間の変換も容易なユークリッド的空間操作の世界が子どもに開けていく。

Piagetの空間認知の発達段階論は，年齢によって可能な空間操作の限界を示したものであり，その主張の妥当性を検証しようとする研究が，その後，ミニチュア空間課題を中心に多数行われることになった。その詳細をここでは十分に紹介できないが，結論的に言うと，①空間のユークリッド的性質はかなり低年齢から理解可能であること（Kato, 1986；Mandler, 1988），②射影的空間操作の段階での制約と考えられた，7-8歳以前の子どもが示す視点変換の困難も，課題を年齢相当になじみやすいものにして与えれば，克服可能であること（Borke, 1975；渡部, 1995），などが明らかにされてきている。つまり，Piagetが考えていたよりも，それぞれの空間操作の制約から脱する年齢は，ずっと低年齢であることが示されてきたといえる。

では，上記のPiagetの段階論を大規模空間における移動パフォーマンスと関連付けると，どうなるだろうか。Piaget et al.（1948）は，4歳から10歳までの子どもに自分の幼稚園や学校の回りの空間を模型によって砂箱に再現させる実験を行い，その表象の仕方が年齢に伴って次のように変化していくことを明ら

かにした（以下の段階記述は Blades, 1991 を参考）。

第一段階：一般的な方向の感覚や個々の場所の認知以上の理解はみられない段階。

第二段階：なじみのルートを記述したりできるが，それは環境そのものの記憶に基づくというよりも，自己の運動の記憶に基づく。ランドマークも自己の運動の系列に依存して定義されることになる。

第三段階 A：ルートにそってランドマークをいくつかのサブ・グループにまとめ，その内部の空間的関係を正確に位置付けることができるが，サブ・グループどうしの関係をうまく把握できない（空間の部分的協応の段階）。

第三段階 B：すべてのランドマークの関係を二次元の座標系に関係付けて，対象空間全体を表象できる（空間の全体的協応の段階）。

ここでの第一段階は先に述べた位相的空間操作の段階，第二段階は射影的空間操作の前半段階，第三段階 A はその後半段階に相当する移行期，第三段階 B がユークリッド的空間操作の成立以後の時期に相当しよう。第二段階と第三段階の関係は，知識表象の性質でいえば，ルート・マップ型表象とサーヴェイ・マップ型表象との関係に対応する。

大規模空間の移動パフォーマンスと関係付けた上記の段階は多分に記述的であるが，その背後には空間情報の処理過程の年齢的制約が前提となっていることを忘れてはならない。また，上記の段階は参照系の発達段階として見ることも可能であるので，次に参照系を中心とする理論を眺めてみることにしよう。

3-2. 参照系の理論

ここでの参照系（system of reference）とは，対象あるいは自己を空間内で定位する方法をさす。それは表象された空間の内容（知識表象）やその性質が<u>何</u>であるかではなく，空間が<u>いかに</u>表象されるかに関わるので，空間情報の処理様式の問題とみなしうる。

Piaget の理論に触発されて，Hart and Moore（1973）は，参照系には自己中心的（egocentric）参照系，固定的（fixed）参照系，協応（coordinated）参照系（後に Hart and Berzok[1982] では抽象的 [abstract] 参照系と呼び方を変更）の三つがあり，発達的にもこの並びの順に獲得されると主張した（図 2-5）。

自己中心的参照系とは，自己身体に関係付けてのみ空間内の対象の位置把握が行われる場合をさす。移動はこの参照系だけでも行いうる。しかし，自己の

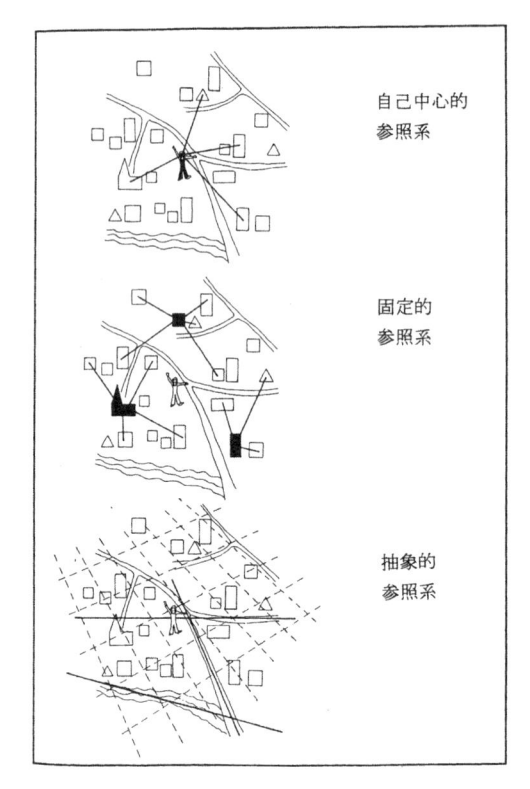

図 2-5 自己中心的参照系，固定的参照系，抽象的参
　　　　照系のイメージ図
　　　　　　（Hart & Berzok, 1982）

運動とともに参照系自体が動くことになるから，移動中に遭遇した諸対象の位置を事後に運動を離れて表象しようとすると困難が伴う場合が多い。

　これにたいし固定的参照系では，空間内の特定の固定対象に関係付けて他の対象の位置が把握されたり，自己の位置が定位される。しかし，複数の固定対象への参照を相互に関係付けることは未だできない。なお，先ほど紹介したPiagetの第三段階Aは，この参照系がもっぱら利用される時期とみなすことができる。

　最後の抽象的参照系に至って，自己身体からも，どの特定の固定対象からも独立な，空間全体を包含する抽象的な座標系が成立する。それは，東西南北のような絶対方位座標の場合もあれば，グリッド状の道路網によって構成された都市に住む生活者が，その空間構成の規則性を認識することによって作る座標

の場合もある。

　三つの参照系の区分は常識的にも納得のいく区分であり，そこに発生的順序性を認めることも無理のない仮定といえよう。しかし，いったん成立した後に三つ参照系の間に優劣の階層性を認めるかどうかは議論の余地のあるところである。ルート・マップとサーヴェイ・マップとの関連のところでも論じたように，参照系の場合も大人では異なる三つのそれぞれが状況に応じて使い分けられたり，一度に複数が利用されたりすると考えたほうが，日常の移動の実情に合っているように思われる。たとえば，大学のキャンパス規模の空間では，人はたえず特定の目立つ建物に関連付けて自己定位できれば，移動にとくに支障はない。しかし，同じキャンパス内にあっても，そのキャンパスのある都市内のどこに「私」がいるかが問題となるなら，絶対方位を利用した抽象的参照系が用いられるかもしれない。かくして，どの空間規模での定位が問題となるかによって利用参照系も異なると思われる。

　この問題とかかわって，山本（1995）は，移動中の視点から捉えられた空間を「原寸大の空間」，移動から離れて鳥瞰図的な視点から捉えられた空間を「対象化された空間」と呼んで，区別している。この区別は移動の事後に空間をイメージ化する方法の違いであるとともに，移動中に用いる参照系の違いとも関係していると思われる。移動は大きなプランと小さなプランが併存するなかで行われることがしばしばあり，大きなプランの中に定位する場合は抽象的参照系を用い，小さなプランの中では自己中心的参照系や固定的参照系を用いるが，相互の定位は別のプラン上に翻訳・転写してつき合わされる。たとえば，大縮尺の大ざっぱな地図を用いて一度来たことのある比較的狭い範囲を移動する場合には，こういった突き合わせがたえず行われていると考えられる。整列効果などの問題は，こうした異なる利用参照系どうしのマッピングの問題として理解できるであろう。

3-3. Newcombe と Huttenlocher の「空間的符号化の階層性」理論

　参照系の理論と類似の発達的理論として生まれ，上記で論じた「複数のシステムの併存」を積極的に主張している論として，Newcombe and Huttenlocher (2001) の「空間的符号化の階層性（Hierarchies in spatial coding）」理論がある。彼らは1980年代に，教室規模の空間内に置かれたおもちゃ（ターゲット対象）の位置を子どもに記憶し再生させる実験を通して，位置情報の符号化に関す

る発達的変化をたどり，先に示した参照系の発達の道筋をさらに細部にわたって提示することに貢献した（Huttenlocher and Newcombe, 1984；Newcomb, 1989）。そうした研究を踏まえて，最近では，さらに次のようなユニークな論を展開している（Newcombe and Huttenlocher, 2001）。

彼らはまず，生活体が移動の際に行っている空間情報の符号化の様式を表2-2のように整理している。空間内の対象の位置情報は，大きく分ければ，移動する自己に関係付けて符号化されるか（自己参照），対象とは別のランドマークに関係付けて符号化されるか（外的参照）のいずれかである。

外的参照による場合，位置情報の符号化にはさらに二つの異なる様式がある。一つは手がかり学習（cue learning）であり，もう一つは場所学習（place learning）である。手がかり学習とは，対象の位置がたまたま近くにあるランドマークと結びつけられて学習される場合をいう。したがって，経路が学習されるとは，このようなランドマークの系列が学習されることを意味する。それにたいし，場所学習とは，当該対象がランドマークから離れたところにあっても，そこまでの距離や方向の情報を利用して位置特定が可能である場合をいう。そのようにして離れたランドマークが複数利用可能となれば，Tolmanの認知地図に近い表象が形成され，これが移動をガイドすることになる。手がかり学習と場所学習が異なる処理過程であることは，O' Keefe et al.（1975）による脳の解剖学的研究によっても明らかにされている。ねずみの海馬部分を除去すると，手がかり学習は損傷されないが場所学習は著しく損傷される。つまり，後者は海馬内での処理に大きく依存していることがわかる。

自己参照による場合は，反応学習（response learning）と推測位置法による学習（dead reckoning）の二つが区別できる。反応学習とは，目標と結びついた筋運動感覚パターン（たとえば，右に曲がり次は左に曲がるといった感覚など）がしだいに移動する観察者自身によって学習され，そのことによって経路移動が可能となる場合をいう。反応学習では，当然，生活体が繰り返し同じ環境内を移動する条件を前提としており，その意味で限られた場合にしか適用できない。それにたいし，推測位置法による学習はもっと適用範囲の広い観察者中心の位置符号化システムである。このシステムでは，まずある時点で観察者の位置が遠くにあるランドマークまでの距離と方向の情報によって符号化され，その後，これが移動にともなって刻々と変化する入力情報に基づき修正・更新されていくことにより，観察者の現在位置が常に特定される。一昔前まで，手が

表 2-2　空間情報の符号化の種類

	自己参照	外的参照
単純，限定的	感覚運動的学習 （自己中心的学習，反応学習）	手がかり学習
複雑，強力	推測位置法（慣性航法）	場所学習

（Newcombe and Huttenlocher, 2001）

かりのほとんどない大海上を航海する船が，自らの位置特定にとっていたのはこの方法であった。

　上記四つの符号化のうち，移動距離が長くなった場合に効果的な方法は場所学習と推測位置法であろう。このうち，推測位置法による情報更新は自動的に行われることが多く，比較的手がかりが乏しい環境（暗闇，砂漠，海など）での位置特定に適している。ただ，推測位置法では，移動距離が長くなっていくにしたがい，初期段階での情報入力のミスがどんどん大きな「ずれ」を生んでしまう危険性がある。場所学習ではこのようなことは起こらないので，ランドマークの豊富な環境下ではこのほうが信頼できる有利な方法ということになる。

　この四つに加え，Newcombe and Huttenlocher（2001）はさらにカテゴリー的符号化（categorical coding）という方法を挙げている。これは，環境が分節化されそれぞれの領域がカテゴリーを構成している場合，対象がどのカテゴリーに属しているかによっておおざっぱにその位置を特定する方法である。この方法は，本来，ランドマークからの距離と方向による位置特定を補ったり精度を高めるのに貢献するはずであるが，ときにそれを狂わせてしまうこともおこる。たとえば，往年の名画の舞台であり，そのまま映画のタイトルともなったアフリカはモロッコの都市カサブランカは，灼熱の砂漠の広がる地にあり，私たちは当然，日本のどの都市よりも南にあると考えてしまう。ところが東京や大阪と同緯度だと教えられると，きっと驚くであろう。「アフリカは日本より南にあって，そのアフリカの都市であれば当然，日本の主要都市よりは南にあるはず」と判断してしまう結果，こういうことがおこるのである。もっと身近な例でいえば，A, B の 2 地点のうち，客観的には A のほうが現在地に近く B のほうが遠くても，A が現在地と異なるカテゴリーに属し（たとえば，A は隣の市

に属し川等によって隔てられている），Bが同じカテゴリーに属せば（同一市内にある），心理的な距離の印象はしばしば逆転する。

さて，Newcombe and Huttenlocher（2001）は，このように複数の符号化の方法を整理してみせたあと，これらが環境の特徴によりその都度，適宜組み合わされて使用されることを強調する。環境が階層的構造を有していれば，符号化の方法にも階層性があり，どのような環境かによって用いられる符号化の方法は異なるはずであり，また，同じ環境であっても低次と高次の符号化の方法が同時に利用されることによって，人間の移動はよりスムーズに行われるのである。このような主張は，既に述べた利用参照系の柔軟な適用という考え方と同じ内容を含んでいて興味深い。

3-4. 空間移動の意志決定（decision-making）理論

移動とは，自己と環境との空間的関係が刻々と変わる現象である。また通常，移動は目標への移動として生じ，当該環境に関する外的，内的知識表象の選択と利用，それに伴う意志決定がたえず行われながら進行する過程でもある。したがって，参照系の利用による自己定位は移動の必要条件ではあっても，十分条件ではない。移動はこうした複雑な情報処理過程を含むが，とくに移動における意志決定プロセスに焦点を当てた理論を発展させているのは，スウェーデンのGärlingらのグループである（Gärling et al., 1985；Gärling, 1999；Gärling and Golledge, 2000）。

彼らは空間的意志決定の過程を概略的には図2-6のようなモデルで考えている（Gärling and Golledge, 2000）。つまり，まず活動の目標が設定されると，それを満たす可能性のある場所が複数検索されて，どこに行くかが決まる。次に，その場所へどのように行くかが，やはり複数の可能な経路の検索と選択によって決まり，こうして作られた移動プランが実行に移される。そして実行中にもたえず空間情報の検索と選択が繰り返されることによって，移動は完結する。そのとき，どの段階でも環境内の情報と内的知識表象（認知地図）が活発に利用され移動プランに影響を与えることは言うまでもない。

図2-6はきわめて常識的なモデルともいえるが，Gärlingらの理論の要諦は移動を不断の意志決定過程とみなすところにあるので，図2-6の場所や経路の選択段階はさらに細かいステップでモデル化されていくことになる。そして，そこでの意志決定に影響を与える要因が詳細に研究されている。

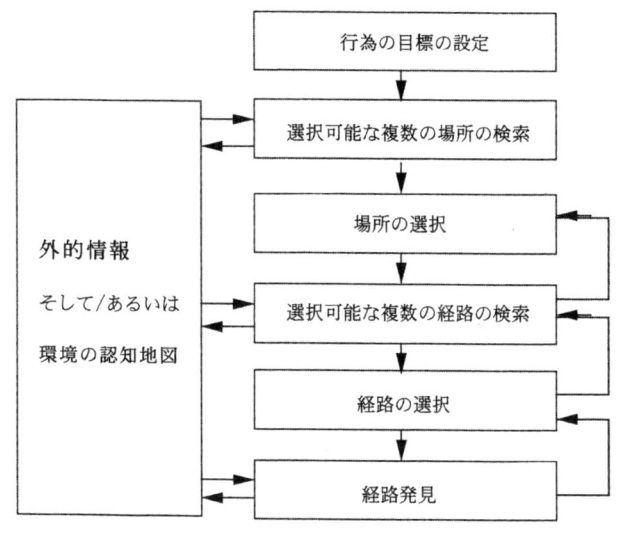

図 2-6　空間行動の意志決定の諸段階
（Garling and Golledge, 2000）

　意志決定とは，つまるところ心的レベルで様々な外的，内的情報を突き合わせ，もっとも有利と思われる行動プランを選択することであるのだが，その情報の突き合わせにあたっては作業記憶容量の限界が制約として働いたり，そのときの一般的な感情状態（mood state）が決定を特定方向に誘導したりするであろう。たとえば，Lindberg and Gärling（1981）は数字の逆唱といった処理負荷のかかる課題を行いつつ移動すると，経路途中での方向や距離評定が不正確となり判断に要する時間も増大することを報告している。この結果は明らかに移動中の情報処理過程に作業記憶の制約が存在することを示しているが，こうした主体の側の内的要因をさらに立ち入って明らかにしようとした研究は，今までのところきわめて少ないといえる。一般に，意志決定研究では，人を「合理的判断主体」とはじめからみなして，複数の情報の価値や強度の関係が確率的に変わることによってその判断がどう変わるかといった研究が基本パラダイムとなっている。空間移動に関わる意志決定研究についても事情は大きく変わらない（たとえば，店の魅力度の認知と家からその店までの主観的距離の関係が，購買のための移動行動に与える影響など）。しかし今後は，人を「合理的判断主体」とする仮定の再検討も含めて（Kaplan, 1991），決定内部のメカニズムに迫る研究が必要になろう。

4．大規模空間に関する心理学理論の未来

　空間移動に関する心理学理論を通覧してきて，予測性や実用性という点でも，またそこにある種の強い説得力を感じる「納得のモデル」という点でも，どれも成熟した理論というにはほど遠い感を深くする。ただ，最近の動向としては，理論的立場のいかんにかかわらずある共通な傾向が認められ，そこから示唆される方向も含めて，ここでは以下3点の今後の発展方向を記しておくことにしたい。

　第一は，移動を支える空間知識表象の性質にしろ，空間情報の心的処理機構にしろ，それぞれを単線型の発達図式で描いたり，ある時点で単一の表象，単一のメカニズムが働く過程として考えることは，もはやできなくなっているという点に関わる。環境の規模や特徴，移動する人間の側の条件に応じて，複数の知識表象が用いられ，複数の処理が同時に機能しているという考えは，広く受け入れられつつあり，今後そうした複数の表象，複数の処理間の関係を階層モデルとは違った視点で理論化する必要がある。

　第二は，その場合，一方に環境があり他方に移動主体があって，その二項の接点に空間行動が生ずるという二元論的発想からの理論化でなく，移動主体の内部そのものが環境に深く組み込まれていて，刻々と変化する両者の相互作用の局面で何が生ずるかを視野に入れた理論化がどうしても必要になってくる。こうした観点が，個人を閉鎖系としてでなく開放系としてとらえ，個人をとりまく様々な状況的，文化的文脈を重視するようになった心理学の最近の流れと親和的であることは，容易にみてとれよう。地理学の立場からではあるが，個人内に形成される空間知識表象を個人に閉じて自足したものとしてでなく，環境内に存在するさまざまな外的表象（地図や言語情報など）や他者の表象との緊密な関係性の中で絶えず変化する流動的なものとしてとらえようとするPortugali（1996）のIRN（表象間ネットワーク）モデルは，ここで指摘する観点にきわめて近い。今後，こうしたモデルの精緻化が望まれる。

　第三は，心理学における空間の知識表象や処理機構に関する理論が，視野に入れてこなかった問題に関係する。それは，空間の「意味」や「価値」に関する問題である。筆者はかつて，心理学における空間研究のあり方を考える上で，「理解される空間（espace connu）」と「生きられる空間（espace vécu）」という区別を提唱したことがある（加藤，1995）。前者は，物理学や数学が生み出し

てきた物理的空間の性質に関する知識や，個人が経験を通して獲得した空間の知識表象や操作をさし，そこにおいては，空間は一定の抽象性をもって人間に現象する。一方，後者は，人間と空間との生きた直接的関係の中で，たえず流動する，人間にとっての環境の意味に焦点が当たる。恐れ，不安，魅力といった，私たちが空間にたいしてもつ感情的負荷の問題は，まさにこの「生きられる空間」の問題である。心理学においても，今までのところこうした問題を十分に扱い得ていないという反省がしだいに生まれつつあるように思う。

本章冒頭でエピソードとして挙げた「空間定位の喪失」にともなう心理的パニックは，まさにこうした感情的負荷の問題であるが，ハンディキャップをもつ人々が移動にたいして抱く心理的バリアには，こうした性質の問題が含まれている。今後，この面での理論の発展も望まれる。

注

1) 心理学の空間論のなかには空間知覚論が含まれるが，ここでは取り上げない。というのも，本書で問題とするのは，大規模空間内での「いま，ここ」を越えて広がる人間の空間的行為や経験であって，「いま，ここ」で瞬間，瞬間に生起する知覚ではないからである。Cassirer（1944）は生物の空間経験をその意識化と抽象化の程度に応じて，行動空間，知覚空間，シンボル空間の三つに分類したが，本書で問題となるのは主に3番目のシンボル空間である。なお，Cassirerに基づく空間問題の分類に関する詳しい議論については，加藤（1995）参照。
2) 潜在学習の事実を最初に発見したのは，Blodgett（1929, Tolman, 1948 より引用）である。実際には，Tolmanらの実験はBlodgettの実験の追試として行われた。
3) 構造化されたまとまりある知識表象をさし，これが対象空間の全体にわたって形成された場合が，サーヴェイ・マップであると考えることができる。
4) HartとBerzokは，彼ら自身の分類を認知地図形成のストラテジーの区分として論じているので，mapでなくmappingという用語を当てている。しかし，ここでは，この分類を同時に形成される地図の種類の分類として考えていくことにする。

文献

岡本耕平（2000）:『都市空間における認知と行動』古今書院.
加藤義信（1979）:「空間表象の発達」研究の動向：2つのPiaget型課題を中心として.

心理学評論, 22 (4), 384-407.

加藤義信 (1995)：空間認知の歴史と理論. 空間認知の発達研究会編『空間に生きる』北大路書房, 220-249.

佐々木正人 (1992)：ヴィスタと姿勢. 現代思想, 20 (9), 80-91.

谷直樹 (1980)：ルートマップ型からサーヴェイマップ型へのイメージマップの変容について. 教育心理学研究, 28, 192-201.

やまだようこ (1995)：生涯発達をとらえるモデル. 無藤 隆責任編集『講座生涯発達心理学 1 生涯発達心理学とは何か－理論と方法－』金子書房, 37-92.

山本利和(1995)：日常生活空間の認知と目的地への移動. 空間認知の発達研究会編『空間に生きる』北大路書房, 220-249.

若林芳樹 (1999)：『認知地図の空間分析』地人書房.

渡部雅之 (1995)：他者視点の理解. 空間認知の発達研究会編『空間に生きる』北大路書房, 220-249.

Blades, M. (1991): Wayfinding theory and research: The need for a new approach. Mark, D.M. et al. eds. *Cognitive and Linguistic Aspects of Geographic Space*. Dordrecht: Kluwer Academic Publishers. 137-165.

Blades, M. (1997) : Research paradigms and methodologies for investigating children's wayfinding. Foreman, N. and Gillett, R. eds. *Handbook of Spatial Research Paradigms and Methodologies vol.1; Spatial Cognition in the Child and Adult*. Psychology Press, East Sussex. 103-129.

Borke, H. (1975) : Piaget's mountains revisited: Changes in the egocentric landscape. *Developmental Psychology*, 11, 240-243.

Cassirer, E. (1944) : *An Essay on Man*. カッシラー著, 宮城音弥訳 (1953)：『人間』岩波書店

Chase, W.G. (1983) : Spatial representations of taxi drivers. Rogers, D.R. and Sloboda, J.A. eds. *Acquisition of Symbolic Skills*. New York, Plenum.

Cousins, J.H., Siegel, A.W. and Maxwell, S.E. (1983) : Way-finding and cognitive mapping in large-scale environments: A test of a developmental model, *Journal of Experimental Child Psychology*, 35, 1-20.

Evans, G.W., Marrero, D.G. and Butler, P.A. (1981) : Environmental learning and cognitive mapping. *Environment and Behavior*, 13, 83-104.

Gärling, T., Böök, A. and Lindberg, E. (1985) : Adults' memory representations of the spatial properties of their everyday physical environment. Cohen, R. ed. *The Development of Spatial Cognition*. Hillsdale, Lawrence Erlbaum Associates, 141-184.

Gärling, T. (1999): Human information processing in sequential spatial choice. Golledge, R.G.

ed. *Wayfinding Behavior: Cognitive Mapping and Other Spatial Processes*. Baltimore; The Johns Hopkins University Press. 81-98.

Gärling, T. and Golledge, R.G. (2000) : Cognitive mapping and spatial decision-making. Kitchin, R. and Freundschuh, S. eds. *Cognitive Mapping: Past, Present and Future*. London; Routledge, 44-65.

Gibson, J.J. (1979) : *The Ecological Approach to Visual Perception*. Boston: Houghton Mifflin. ギブソン著, 古崎敬・古崎愛子・辻敬一郎・村瀬旻訳 (1985):『生態学的視覚論』サイエンス社

Hart, R. and Berzok, M. (1982) : Children's strategies for mapping the geographical environment. Potegal, M. ed. *Spatial Abilities: Development and Physiological Foundations*. New York: Academic Press. 147-169.

Hart, R.A. and Moore, G.T. (1973) : The development of spatial cognition: A review. Downs, R.M. and Stea. D. eds. *Image and Environment*. Chicago: Aldine Publishing Company. 246-288. ハート, R.A.・ムーア, G.T. (1976):空間認知の発達, ダウンズ, R.M.・ステア, D. 編, 吉武泰水監訳:『環境の空間的イメージ』鹿島出版会, 266-312.

Heft, H. (1983) : Wayfinding as the perception of information over time. *Population and Environment: Behavioral and Social Issues* 6, 133-150.

Heft, H. (1996) : The ecological approach to navigation: A Gibsonian perspective. Portugali, J. ed. *The Construction of Cognitive Maps*. Dordrecht; Kluwer Academic Publishers, 105-132.

Huttenlocher, J. and Newcombe, N.S. (1984) The children's representation of information about location. Sophian, C. ed. *Origins of Cognitive Skills*. Hillsdale; Lawrence Erlbaum Associates, 81-111.

Kaplan, S. (1991) : Beyond rationality: Clarity-based decision making. Gärling, T. and Evans, G.W. eds. *Environment Cognition and Action: An Integrated Approach*. Oxford; Oxford University Press, 171-190.

Kato, Y. (1986) : Development of spatial recognition in preschool children: On Piaget and Inhelder's hypothesis of topological space. *Perceptual and Motor Skills*, 63, 443-450.

Kato, Y. and Takeuchi, Y. (2003) : Individual differences in wayfinding strategies. *Journal of Environmental Psychology*, 23, 171-188.

Liben, L.S. (1981) : Spatial representation and behavior: Multiple perspectives. Liben, L.S., Patterson, A.H. and Newcombe, N. eds. *Spatial Representation and Behavior across the Life span*. Academic Press, New York. 3-36.

Lindberg, E. and Gärling, T. (1981) : Acquisition of locational information about reference points during locomotion with and without a concurrent task: Effects of number of reference points. *Scandinavian Journal of Psychology*, 22, 109-115.

Lynch, K.（1960）: *The Image of the City*. Cambridge, MIT Press. リンチ著，丹下健三・富田玲子訳（1968）:『都市のイメージ』岩波書店.

Mandler, J.M.（1988）: The development of spatial cognition: On topological and Euclidian representation. Stiles-Davis, J., Kritchevsky, M. and Bellugi, U. eds. *Spatial Cognition: Brain Bases and Development*. Hillsdale; Lawrence Erlbaum Associates, 423-432.

Newcombe, N.S.（1989）: Development of spatial perspective taking. Reese, H.W. ed. *Advances in Child Development and Behavior*, vol.22, San Diego; Academic Press, 203-247.

Newcombe, N.S. and Huttenlocher, J.（2001）: *Making Space: The Development of Spatial Representation and Reasoning*. Cambridge, The MIT Press.

O'Keefe, J. Nadel, L., Keightley, S. and Kill, D.（1975）: Fornix lesions selectively abolish place learning in the rat. *Experimental Neurology*, 48, 152-166

Passini, R.（1984）: Spatial representations, a wayfinding perspective. *Journal of Environmental Psychology*, 4, 153-164.

Piaget, J.（1955）: Perceptual and cognitive（or operational）structures in the development of the concept of space in the child. *Acta Psychology*, 11, 41-46.

Piaget, J. and Inhelder, B.（1947）: *Représentation de l'espace chez l'enfant*. Presses Universitaires de France, Paris.

Piaget, J., Szeminska, A. and Inhelder, B.（1948）: *La géométrie spontanée de l'enfant*. Presses Universitaires de France, Paris.

Portugali, J.（1996）: Inter-representation networks and cognitive map. Portugali, J. ed. *The Construction of Cognitive Maps*, Dordrecht: Kluwer Accademic Publishers.

Shemyakin, F.N.（1962）: Orientation in Space. *Psychological Science in the U.S.S.R.* Vol.1, Washington: Office of Technical Services. Report #62-11083, 186-225.

Siegel, A,W, and White, S.H.（1975）: The development of spatial representations of large-scale environments. Reese, H.W. ed. *Advances in Child Development and Behavior*（Vol.10）. New York: Academic Press. 9-55.

Tolman, E.C.（1948）: Cognitive maps in rats and men. *Psychological Review*, 55,189-208. トルーマン，E.C.（1976）:ねずみおよび人間の認知マップ．ダウンズ，R.M.・ステア，D.編，吉武泰水監訳:『環境の空間的イメージ』鹿島出版会，32-57.

Wertsch, J.V.（1991）: *Voices of the Mind: A Sociocultural Approach to Mediated Action*. Cambridge, Harvard University Press. ワーチ著，田島信元・佐藤公治・茂呂雄二・上村佳世子訳（1995）:『心の声:媒介された行為への社会文化的アプローチ』福村出版，230p.

第3章　地理学における空間論の展開とハンディキャップへの視点

岡本耕平

1. はじめに

　空間は，環境，地域，場所とともに，地理学の主要な概念である。そして，20世紀を通じて最も重要な概念であった。20世紀初頭，地理学の学問における位置付けが問題とされたとき，地理学は，空間を扱う学問として自己の存在を定義しようとした。20世紀半ば，科学技術の急速な発展と，自然科学の方法論への賛美が高まる中で，地理学は「空間の科学」として定式化を試みた。そして，20世紀の終わり，社会科学・人文学の全体で空間への関心が高まる中で，地理学は空間概念の再解釈，拡張，多様化を推し進めてきた。

　本章は，まずこうした地理学と空間の関係史を概観する。そして，地理学の立場からハンディキャップを考えるときにいかなる空間論が可能かを考えることにしたい。

2. 地理学の空間論

2-1. 空間の学としての地理学

　地理学の歴史は長い。長い歴史の中で，天文学や地質学，人類学や民俗学など，様々な学問分野が地理学から育っていった。また，地理学は，自然科学から社会科学，さらに人文学にまでまたがる広大な領域を直接に学問の対象とする。地理学は「諸学の母」と呼ばれる一方，学問の細分化，専門化が進む中で，しばしば時代遅れとの誹りを受けてきた。

　20世紀のはじめ，自然科学，社会科学それぞれの急速な発展の中で，統一的な学問としての地理学の存続に苦慮していたドイツの地理学者ヘットナーは，地理学を諸学問の中で次のように位置付けた。すなわち，学問は研究対象の類縁性に基づく系統科学，時間に関わる歴史学，空間に関わる地理学の三つに分けられる。地理学は空間にかかわるが，単なる事物の分布を扱うのではな

く，さまざまな地域や場所の性格を考察する「コロロジー」的な学問である（ヘットナー，2001，原著1927）。

　この学問分類は，彼より1世紀以上前のカントによる分類を踏襲している。カントは哲学者であったが，ケーニヒスベルク大学で四十年の間，地理学の講義を行い続けた。その講義ノート『自然地理学』の序文には次のような内容が書かれている。すべての知識の根拠は経験に存する。しかし自分自身の経験は時間的にも空間的にも限られているので，他人による経験によって補われ，我々の認識は拡大していく。他人の経験は，物語あるいは記述として伝えられる。これが歴史であり，地理である。一方，認識を整理するには，論理的な分類と自然的な分類がある。自然的な分類は時間と空間に従って行われ，前者を歴史学，後者を地理学が担当する。そして，後者が前者の基礎になる。なぜなら，古い歴史をとってみれば，必ずそこには古い地理学があるから。このようにカントは，認識にとって経験が重要であり，そして経験にとって空間（地理学）が重要であるとして，空間の学としての地理学の重要性を説いた（カント，2001，原著1802）。

　地理学と歴史学をそれぞれ世界の空間的な側面と時間的な側面を扱う学問とみなす考え方は，20世紀の前半を通じて地理学の主流をなした。アメリカの地理学者ハートショーンも，主著『地理学の本質』の中で地理学の位置付けを論じる際，カントの『自然地理学』の序文を要約した上で，ヘットナーの分類と同様，地理学と歴史学は，それら以外の系統的な学問分野とは異なるとし，地理学をコロロジーと位置付けた。ハートショーンによれば，コロロジーとしての地理学とは，地球表面における空間的配列の学である（Hartshone，1939，原著p.142，邦訳p.150）。

　「コロロジー」は，紀元前の古代地理学に遡る用語で，地表の様々な地点における自然や文化の様々な様態の認識を示すギリシア語に由来する。ヘットナーによれば，その学問的実践は，第一に，場所ごとの多様性と，並起する諸事象間に見られる空間的な結びつきの把握であり，第二に，ある一つの場所で同時に存在するさまざまな現象間の相互関係の把握である。20世紀初頭，地理学は既に，系統地理学と地誌学，さらに系統地理学は自然地理学と人文地理学に大きく分かれていたが，コロロジーの地理学とは，要するに地誌学を重視し，それによって地理学の統一を図ろうとする立場であった。

2-2. 空間の科学

　1953年，コロロジーとしての地理学に対して真っ向から意義を唱える論文がアメリカ地理学会誌に掲載された。それは，ドイツ生まれでナチス・ドイツから逃れてアメリカに亡命した地理学者シェーファーによる「地理学における例外主義」と題する論文（Schaefer, 1953）であった。論文の中でシェーファーは，地理学を歴史学とともに他の系統科学とは異質な方法論をもつとする考え方は，地理学を学問のなかで例外的なものと位置付ける「例外主義」であると断じ，カント，ヘットナー，ハートショーンと続くコロロジーの系譜を強く批判した。コロロジーは，簡単に言えば「所かわれば品かわる」ことに積極的な意味を見出す方法論である。しかし，それはシェーファーによれば，ある時点にある場所でのみ見られる現象を記述しているにすぎない。彼は，こうしたユニークネスを重視する研究方法は歴史主義的で全く非科学的であると断じた。そして，これからの地理学は，自然科学，とくに物理学を範として法則の確立を目指す一般科学となるべきだと訴えた。シェーファーの論文は，20世紀の地理学史上最大の出来事「計量革命」の引き金となった論文として，のちに高く評価されることとなった[1]。

　1950年代に英語圏の地理学で始まった計量革命は，計量化によって地理学の理論化と制度化を図ろうとする運動である。計量革命の主導者たちが，彼らの地理学の科学性を保証する哲学的基盤として選んだのが論理実証主義であった。論理実証主義の特徴は，検証可能性と統一科学の指向である。地理学においては，検証可能性うんぬんの前に，検証するに値する規範モデルを追求する姿勢を学問風土の中にうち立てることが必要であった。本来，規範理論とは，ある仮定に基づき論理による事象のあるべき姿（what ought to be）を導く理論である。したがって，事象そのまま（what is, was or will be）を説明する実証（positive）理論とは異なる。計量地理学者たちは，それまでのいわば素朴実証主義（地表上の現象をありのままに記述しようとする態度）から決別し，空間の論理を追求することで地理学の定式化を図ろうとした。そして，その手段あるいは言語体系として幾何学に着目した。「空間の科学」としての地理学の登場である。

　空間の科学としての地理学は，世界には本質的に空間的秩序があるという確信と，空間の科学としての地理学はそれを明らかにできるとの確信を精神的な基盤としていた。そして，空間の構造を抽象的な幾何学の言語体系で理解する

ことは，地理学に統合的な土台を与えると期待した。例えば河川網と道路網には共通にネットワーク分析を適用することができ，こうした作業の積み重ねは人文地理学と自然地理学の二元論の克服につながると考えられた。こうして，空間的秩序の発見をめざして，中心地理論など自前のモデルの確立と深化をめざすとともに，自然科学から様々なモデルが導入された。力学における重力モデルが空間的相互作用の分析に用いられ，物理学のエントロピー最大化モデルが空間的分布の解明に用いられた。あるいは，空間的拡散の分析にはモンテカルロシミュレーションが適用された。

規範モデルの追究とそれに付随した数学の使用は，それまでの地理学とは全く異なる営みであり，空間の科学としての地理学の登場は，地理学のパラダイム転換といわれた。そこで標榜された「新しい地理学 new geography」が真に「革命」的なものであったかについては疑問視する意見もあるが[2]，ともかく1950年代の英語圏地理学に端を発する地理学方法論上の大きなうねりが，地理学の世界に極めて大きな影響を与えたことは間違いない。それ以後，地理学の主流はドイツ語圏・フランス語圏から英語圏の地理学へ移行した。そして，人文地理学と自然地理学という地理学の古くからの二元論に加えて，サイエンスとしての地理学とアートとしての地理学の厳しい対立という，今日まで続く新たな二元論が始まったのである（Barnes and Gregory, 1997）。

2-3. 空間の科学への批判と「空間の生産」

地理学は空間の科学となることで，晴れて固有の研究対象である「空間」を手に入れることになったが，同時に重大な問題を抱えることになった。空間の科学は，空間構造を空間パターンと空間プロセスからのみ説明しようとしたが，それは，社会の様々な事象から空間のみ分離し，空間をもって空間を語ろうとする試みにほかならない。また，空間の科学には，空間パターンや空間プロセスを生み出す力の源を空間それ自体に帰するという自己完結の傾向があった。こうした点を，独立科学としての地理学の証と見なす人々がいる一方で，地理学本来の目的の喪失とみなす人々もいた。後者の人々は，空間の科学を「空間分離主義」あるいは「空間フェティシズム」と批判した（例えば Sack, 1974a）。

地理学と歴史学を他の学問とは異なるとするカント以来のコロロジーの系譜を批判した空間科学者たちは，空間概念においても，カントからニュートンに

至る「絶対空間」を批判した。「絶対空間」概念では，空間は事物が充填するところであり，かつ参照系である。すなわち，空間は容器とみなされる。しかし，空間プロセスを扱う以上，空間は時間からは分離できない。そこで，空間の科学者たちは，絶対空間はユークリッド空間であるから，非ユークリッドの相対空間を考察すべきだとした。空間の科学の金字塔的作品である『地理学の説明』を著したハーヴェイも，位相幾何学，射影幾何学などユークリッド幾何学以外の幾何学の重要性を説いた（Harvey，1969）。しかし，これは，より複雑な幾何学が必要だと言っていることにほかならない。物理空間は数学的な空間に取って代わられ，「地理学の説明」における抽象化の度合いがいっそう進んだ。

そもそも現実世界の抽象化という「科学的」手続きは，現実世界の説明から遊離し，抽象世界の中に埋没した議論を招きやすい。空間の科学も，本来説明すべき対象であった現実世界ではなく，空間の科学の言語である幾何学で幾何学自体について語ることで満足するという罠に陥りがちであった。この罠から逃れるためには，空間を，より動態的なものと捉えて，その変化の源を人間の実践におき，それと空間との関係を追求するという方向に行く必要があった。こうして，空間は，人間の実践を媒介にして社会と結びつけられた。ハーヴェイも空間の科学を離れ，マルクスの『資本論』の再読により，史的唯物論に依拠した地理学の確立をめざすようになった（Harvey，1973）。

空間の科学の「空間分離主義」を攻撃した人々は，空間と社会との結びつきを強調したが，初期には，それは「社会→空間」の一方的な関係であり，もっぱら社会の空間への投影に研究の焦点がおかれた。イギリスの地理学者マッシィの表現によれば，地理学者は社会科学の地図制作者となったにすぎなかった（Massey,1993a）。しかし，1980年代になると，社会もまた空間的に構成されると考えられるようになった。これには，フランスの哲学者・社会学者のルフェーヴルの影響が強く働いている。

ルフェーヴルは，著作『空間の生産』（ルフェーヴル，2000，原著初版1974）のなかで，空間は生産物と同様に，交換され，消費され，消滅するものであると説いた。空間は，歴史的にそれぞれの時代の政治経済体制の中で生産されてきたのであり，資本主義の登場以降，空間は「抽象空間」として表象されてきた。空間は，官僚や産業資本家・都市計画家などによる空間の実践と，その背後でそれを支える空間の科学によって，抽象空間として表象されてきた。抽象空間は，一見無機質で，イデオロギーに無縁なように見える。しかし，

ルフェーヴルによれば，抽象空間は暴力と政争の産物であり，したがって優れて政治的である。そして，次の三つのものを内包する。すなわち，幾何学（空間は均質なユークリッド空間に還元される），視覚化の論理（事物は単に見られるだけのものへと還元される），そして男根主義（空間を満たすために力強いもの，豊かなもの，垂直的なものを要求する）である（邦訳412-415頁）。抽象空間は，歴史的に積み重ねられてきた具体空間を破壊し，また，人々の日常生活を浸食して人々から空間と身体との結びつきの感覚を奪っていった。こうした知と権力によって生み出された抽象空間という「空間の表象」に抵抗するためには，人々の生きられた空間に基づく「表象の空間」を通じての空間の実践が必要なのである。

2-4. 近年の空間論

空間だけでなく時間も社会的に構築される。ハーヴェイによれば，後期資本主義において，資本の回転の加速化にともない，「空間的障壁の消失と，時間による空間の消滅」が進行した（Harvey, 1990）。交通手段の発達，情報化の進展，経済活動のグローバル化は「時空間の圧縮」をもたらした。しかし，時空間の圧縮は全ての人に等しく起こるわけではない。太平洋がジャンボジェット機で短時間で飛び越えられるようになった一方で，太平洋に浮かぶ島々の多くは，そうした近接性からは取り残されている。時空間の圧縮は，必然的にこうした差異を発生させる。そして，差異は，近隣から地球規模まで，さまざまな空間スケールで起こっている。しかも，差異を生み出す源は，資本の論理による経済格差からだけでは説明できない。ある社会が占有し・支配する空間に人が容易にアクセスできるかどうかには，その人の国籍，人種民族，社会階層，性別などが複雑に関係する。例えば，発展途上国出身者が東京の街で，不法就労ではなく合法的に就労するには多くの困難を伴うし，男性から肉体的暴力をうけるかもしれないという恐れは，女性が夜間に外出することをためらわせる原因になっている。さらに，障害者にとっては，様々な物理的な障壁も，これらの制約に加わることになる。

時空間の圧縮によって利益・利便性を享受できる人々がいる一方で，そこから取り残され，さらに不利益や不便を被る人々がいる。享受できる人々は，空間への支配力をより高めようとする。こうして，時空間の圧縮とそれがもたらす社会的差異は，権力の問題と結びつく。マッシィは，これを「権力の幾何学」

と呼んだ（Massey, 1993b）。その差異は，経済力のみならず，人種，性別，年齢，肉体的な健常の度合いにより異なる。さらに，それらは重層する。例えば，女性という主体は，ジェンダーによってのみならず，セクシュアリティ，階級，人種，宗教そしてその他全ての社会関係によって構成される。この複雑な主体と関わって，空間も多次元の構造を持つ。そして多次元であるだけでなく，相互に矛盾しあうパラドックスな空間となる（Rose, 1993）。

このように近年の地理学では，空間はもはや，日常生活から離れて日常生活を枠づけ収納するといった「外側にある」中立な存在ではなく，我々が生活する生活世界の様々な社会的な文脈の中に，時間とともに分かちがたく織り込まれた存在として認識されるようになった。

3．地理学における空間認知研究と障害研究

3-1．行動地理学の誕生と行動地理学への批判

地理学において空間認知や空間的行動が本格的に研究されるようになったのは 1960 年代からである。計量革命の進展の中で，静的な空間パターンの説明だけでなく，空間パターンの変化，すなわち空間プロセスの解明がめざされるようになり，そのため，プロセスの源としての人間行動に関心が持たれるようになった。空間の科学としての地理学が当初想定した人間像は合理的経済人であった。そこでは人間は，利益最大化（費用最小化）という唯一の目的をもち，そのための行動の選択および将来起こる事象の予測について全知の能力をもつと仮定された。地理学では，利益最大化は移動費用を最小化するための移動距離の最小化としてモデルに組み込まれた。距離を中心概念に据えることによって，地理学は，計量化に基づく理論化を推し進めることが可能になった。しかし，経済人による行動は，単純かつ決定論的である。また，全知の人間像は非現実的である。折しも，社会科学全般において，このように人間行動を単純に捉えるのではなく，人間行動をより複雑な過程を経た上での表出物と見なそうとする行動論（behavioralism）運動があり，地理学においても「経済人」に代わる，より現実的な人間像を求める動きが起こり，行動論的アプローチに依拠する地理学として行動地理学がスタートした（Gold, 1980）。

行動地理学において空間的行動は，人が外的世界から情報を獲得し，それらを価値付け，特定の空間的行動を選択するという，一連の意志決定過程の結

果と見なされた。意志決定過程のモデルに沿って，消費者による店舗選択や都市住民による居住地移動といった様々な空間行動が研究された。また，空間的な情報をいかに獲得し，頭の中に貯蔵するかについても興味が持たれ，地理的空間における空間認知に関する研究が行われるようになった。計量革命によって，距離は地理学の中心概念となったが，経済人とは異なり現実の人間は距離を正確に把握して行動しているわけではない。初期の空間認知研究においては，人々の抱く距離感（認知距離）が重要な研究テーマの一つとなった。認知された距離と実際の距離との違いを生み出す要因の追及が行われ，被験者から引き出した認知距離を用いて，認知空間の性質が論じられた（岡本，1982）。例えば，複数地点間の認知距離をデータとして多次元尺度構成（MDS）を用いて，認知空間を外的表象として再構成し，2次元空間上にそれを地図として表現しようとする試みがなされた（杉浦，1990）。

このように，計量革命の延長上に展開した行動地理学は，空間の科学としての性格を多分に有していた。認知距離は一種の機能距離として扱われ，認知空間はユークリッド空間に代わる相対空間とみなされた。いずれにせよ，認知空間は幾何学に還元できる空間として分析された。

1970年代から80年代にかけて，空間の科学とその哲学的基盤である実証主義は強い批判の波にさらされたが，その批判の矛先は行動地理学にも向けられた。批判は，主としてマルクス主義者と人文主義者からなされた。マルクス主義者からは，空間的行動の要因を個人の内部に帰してしまうことが批判された。例えば，居住地移動は，新しい住居を得ようとする住民の意思決定のみによって説明できるのではなく，住宅の供給サイドの状況に強く影響される。そして，それは背景としての都市，地域，国家の社会経済的な構造と密接に関わっている。マルクス主義者にとって行動地理学は，人間行動の根本的な要因としての社会構造を不問としている点で，保守的で現状肯定的であると見なされた。一方，人文主義者は，空間の科学における人間行動の単純化への反発という点で一時的に行動地理学者に同調したが，やがて，主観と客観を明確に分離する行動地理学の方法論に批判を加えることになる。人文主義者は，現象学への接近により主客二元論の克服を試みるとともに，人間の空間経験の多様性に光を当てることによって，計量革命によって失われた地理学における「人間性」を回復しようとした。人文主義者にとって行動地理学は，人間の豊かな空間経験の大部分を捨象する点で，空間の科学と同様の機械論的なアプローチと見なされ

た（岡本，1998）。

3-2. 空間認知研究の新しい展開

　行動地理学は，批判を受け往事の勢いを失ったとはいえ，その後も一定の研究蓄積がなされた。消費者行動や居住地移動などの研究分野で行動論的アプローチの人気が衰えていく中で，行動地理学の研究の中心は認知地図の分析におかれるようになった。

　実証主義的な認知地図の分析は1980年代を通じて一貫して行われたが，90年代になると新たな展開を見せた。一つには心理学者との共同研究が増えたことである。これは心理学において地理的空間のような「大規模空間」での空間認知に関心が高まったことによっている。それまでも地理学者は心理学から分析手法の借用などを行っていたが，心理学者が地理学の研究に関心を示すことはなく，両者の関係は一方的であった。しかし，1990年代になって地理学者と心理学者の対話が急速に進んだ。

　もう一つの変化は，地理情報システム（GIS）研究との結びつきである。1990年代になるとコンピュータ技術が急速に発展し，大容量の画像データが処理できるようになり，GISの利用可能性が一挙に広がった。これを背景にGISの基礎的な研究も進展した。GIS研究は新たな地図学という側面も有している。認知地図は新たな地図学の新しい分析対象として，情報学や工学の研究者にも関心がもたれるようになった（岡本，2003）。

　こうした新たな展開を牽引した中心的な研究者がゴレッジである。彼は，1980年代を通じて空間の科学の系譜を守り，実証主義的な行動地理学研究を押し進めたが（Golledge and Stimson, 1987），90年代になって心理学者との共同研究（Gärling and Golledge, 1993）やGIS研究者との共同研究（Golledge, 1995）を繰り広げた。

　さらに，ゴレッジは80年代末頃から，障害者の空間認知についての研究に着手し，特に視覚障害者の空間認知に関する実験的研究を精力的に行った（Golledge, 1993）。これは，1980年代半ばにゴレッジ自身が病気のために視力を失ったことが重要な契機となっている。地図や図表を多用する地理学という学問分野において，視力なしに研究を続けることは極めて困難である。ゴレッジはこのハンディキャップを克服し，これまで自分が続けてきた行動地理学の知見を糧に，障害の地理学的研究に踏み込んでいったのである。

3-3. 障害の地理学

　ゴレッジの研究は，地理学においてほとんど研究されてこなかった障害の問題に光を当て，障害者の福祉の向上のために研究を遂行した点で高く評価されたが，その方法論には批判が投げかけられた（Gleeson, 1996；Imrie, 1996）。批判者たちは，ゴレッジの方法論では，障害は身体的に損なわれた状態としかみなされていないと批判した。空間の科学の正統な継承者であるゴレッジは，障害者の認知地図をあくまで幾何空間の枠内で科学的に分析しようとしたが，批判者たちは，障害は社会的に構築され，空間は政治的倫理的に状況付けられていると主張した。

　こうした批判は，地理学においては先に述べた「空間の生産」の考え方に依拠しているが，それに加えて，障害についての研究全般で「社会モデル」と呼ばれる新しい考え方が台頭してきたことを背景としている。これは，従来の障害研究が，障害の原因を個人の身体におく「医学モデル」であったのに対し，障害の根本原因は社会にあるとする考えである。医学モデルが，医療や教育・福祉の充実によって障害者の社会参加を図ろうとするのに対して，社会モデルは，障害者への差別や抑圧を生み出す社会そのものを問題とする。

　社会モデルの立場から見れば，医学モデルの研究は，障害をノーマルではない状態と見なしているから，結局，障害を持つ人々を「逸脱した他者」と扱っているのであり，健常者中心主義の社会を変革することには貢献できないと写る。一方，医学モデルの立場からすれば，社会の変革によっても障害そのものはなくならない以上，重要なのは，社会がいかに障害をケアできるかであるから，例えばゴレッジによる視覚障害者の空間認知に関する基礎的研究は，視覚障害者誘導システムの開発のような障害者への具体的な支援策につながる点で高く評価できることになる。

　このように，地理学では1990年代になって障害が研究テーマに取り上げられるようになったが，空間の科学と「空間の生産」論との対立や，障害の医学モデルと社会モデルの対立と結びつく形で方法論上の厳しい対立が起こった。この対立を克服することは，今後，地理学で障害研究を進めていく上での重要な課題である。また，論争の過程であらわになった地理学の研究・教育のあり方についての問題点，すなわち，視覚資料やフィールドワークに依存した研究・教育活動が，潜在的に視覚障害者や車いす使用者を排除してきたのではないかという問いかけにも応じていかなければならない。

4．ハンディキャップへの視点

　地理学は，ハンディキャップをもつ人々の空間行動や空間認知にどのように接近すればよいか。これまで見てきた地理学の空間論および空間認知研究の変遷をふまえれば，一つの接近方法は，ハンディキャップ者が行動し認知する空間を社会的な空間として捉えることである。社会モデルの視座に立つとき，建造環境の多くの部分が，健常な身体による活動を前提として造られていることがわかる。例えば，宮澤（2000）は，多摩ニュータウンの二つ地区で，諸施設への車いす使用者のアクセス可能性を調査したところ，一方の地区にはアクセス不能な施設が極めて多いことを見いだし，これには地形条件も影響しているが，車いす利用に対する施設設置者や管理者の無理解や無視によるところが大きく，「健常者中心主義」によって「できなくさせる空間」が生み出されていると指摘している。空間の生産に際して，包摂と排除のシステムが機能し，自分たちと他者との境界付けがなされる。法令の制定，予算配分，建造物の施工など様々な場面で，意識的・無意識的に健常中心主義が機能し，障害をもつ人々を排除する空間が生産される。

　外国人や子どもを含む広義のハンディキャップ者がいかに「他者」化され，空間の生産の包摂と排除のシステムがいかに彼ら／彼女らの空間認知や空間行動を規定しているかについての追求は重要である。しかし，社会の側からのみハンディキャップを捉えるのは一面的である。社会モデルは，障害を社会的な構築物と見なす点で社会的構築主義の立場に近い。しかし，構築主義への過度の傾斜によって障害が身体から全く遊離したものとして扱われる恐れがある。先に素描した地理学の障害研究における対立を克服していくためにも，ハンディキャップの社会的側面を重視しつつも，別の角度からの検討も重ねて行う必要がある。

　ここでは，そうした多重な接近方法の例として，地理学がこれまで蓄積してきた空間認知研究の中心的な研究成果，すなわち空間の科学の系譜を引く研究成果に立脚した上で，第一に，空間の科学が扱ってきた幾何学的な空間を社会的な側面から再評価することを試み，第二に地理学の空間認知研究に身体をどのように取り込んでいけばよいかのヒントを探ることによって，本章を締めくくりたい。

4-1. 幾何空間の社会性

　道案内に際して,「この道をまっすぐ 50 m ほど行って, 交差点を右に曲がる」とか「三つ目の交差点を左に折れる」といった表現がよく使われる。こうした表現は, 紙の上には点と線からなる幾何学的な地図として描かれる。同様なイメージが頭の中に認知地図として形成される場合もある。しかし, この表現方法は, ユニバーサルではないし, 常に合理的で効率の良い方法だとは限らない。例えば, この方法では, 道に幅があることは表現されないが, 視覚障害者にとっては, 道の右側, 左側のどちらを歩くか, 道を横断しなければならないのか, 横断するとすれば, どこでどうやって横断するのかは真に切実な問題である。幼児や後期高齢者にとっても同様である。上記の道案内は, こうした人々のナヴィゲーションにとっては全く不十分である。

　また, 視覚障害者にとって路地の認識は難しく, 信号のある交差点のみが交差点として認識される場合が多い。白杖に頼って生活していた視覚障害者が盲導犬と暮らすようになって, いかに自分の周囲に路地が多くあったか認識するという。視覚障害者とは逆に, 晴眼者でも外国人の場合, 路地の認識が日本人と異なって, 日本人が常識的に読み飛ばす細い路地の入り口も交差点と認識する可能性もある。「三つ目の交差点を左に折れる」という案内文は, 一見客観的に思えるが, 暗黙的に相手が大人の晴眼者であることを想定した表現であり, しかも文化依存的である。

　しかし一方で, 幾何学的な空間, すなわち幾何空間として世界を認識することは, ハンディキャップを持つ人々にとっても重要である。視覚障害者の歩行訓練において, 左右と方角の認識といった空間についての幾何的な知識は, 信号の働きや歩車道の区別などの交通環境に関する知識とともに最も基本的な知識として重要である（芝田, 2000）。自分の身体を中心とする前後左右と, 相手にとっての前後左右の関係, 東西南北と前後左右との関係, こうしたことの理解から, より複雑な幾何空間の理解へとすすんでいく。図 3-1 は, 盲導犬を利用しての歩行訓練に使われる触地図で, 上は街区, 下は地下鉄駅構内を表している。これらから道路パターンを理解するためには, 道路の階層性（幹線と路地）, 交差点や三叉路の区別が理解できなければならない。さらに, 二つの図はスケールが異なること, 地下鉄構内の図には上下移動のルートも描かれていることが理解できなければならない。また, 二つの図の上側には方位を示す矢印が描かれている。歩行訓練では, 常に方位を意識して歩行することが要求

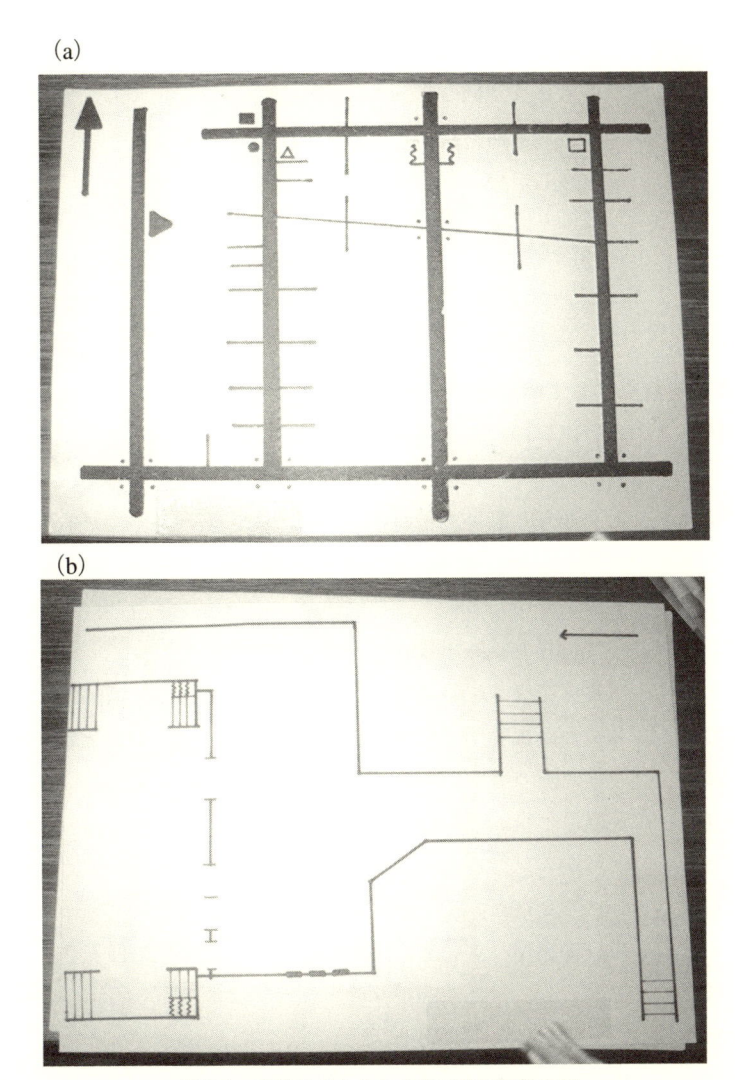

第3章　地理学における空間論の展開とハンディキャップへの視点　63

図3-1　盲導犬をともなう歩行訓練用触地図

される。

　こうした地図的な幾何空間の理解とともに，幾何学的な空間概念を言葉として理解することも訓練される。視覚障害者が町中で迷ったとき，晴眼者の道案内にたよることになるが，晴眼者の道案内の多くは，前述した「この道をまっすぐ50mほど行って，交差点を右に曲がる」といった表現である。生まれてから地図を見たことのない先天性の視覚障害者にとって，こうした表現を理解

することは極めて困難である。先天性視覚障害者は，人それぞれに地図的な表象とは異なる独自の方法で空間を把握している。しかし，晴眼者や他の視覚障害者と地理的空間について語るためには，共通の表現が必要である。幾何的な空間の表象は，コミュニケーションのために必要なのだ。コミュニケーションが可能になることにより，障害者は外出により積極的になるであろう。空間は幾何学に還元されない。しかし，空間を幾何学的に捉えることも社会的な役割を有している[3]。

4-2. 身体を媒介にして場所化する空間

視覚障害者の歩行訓練において最初の課題は，まっすぐ歩くことである。初めのうちは，まっすぐ歩いているつもりでも，左か右にそれていく。そうした自分の身体のクセを知り，訓練を積むことによって，まっすぐ歩けるようになる。そして，音，匂い，風，太陽の暖かみ，地面の感触など手がかりにして，目的地まで達する術を修得していく。体性感覚・五感を総動員し，身体と環境との相互作用の中で世界を認識する。

このように人は身体を媒介にして空間を認識する。それは，晴眼者にあっても同様である。しかし，視覚への過度の依存のために，そのことを忘れがちである。これに関して，トゥアンが著書『空間と場所（邦題「空間の経験」）』の中で取り上げた実験は示唆的である。目隠しした被験者に実験室内の迷路を歩かせたところ，何度かの試行ののち被験者はまず入り口と出口の位置を感じ取り，さらに「ざらざらした点」や「傾斜した坂」といったランドマークを認識することによって自信を増していき，実験室内の空間全体を把握できるようになる。はじめは混沌としていた空間がランドマークと道からなる一つの場所として認識されるようになったのである。

もう一つの示唆的な研究として，言語学者のリンダとレーボウの研究（Linde and Labov, 1975）がある。彼女らは，空間的な情報の受け渡しが言語によってどのようになされるかを調べるために，ニューヨークの住民に自分の住居について語らせた。語りを地図型の表現（例えば「台所のとなりに娘たちの部屋がある」）と順路型の表現（例えば「右に曲がると居間」）に分けたとき，圧倒的に順路型の語りが多く，地図型の表現は3％に過ぎなかった。この研究についてフランスの思想家ド・セルトーは，順路型の叙述が圧倒的に多いとしても，その中に地図型の叙述が散りばめられることに着目する（セルトー，1987，原

著 1980)。地図型の語りは，順路型の語りの中で，ときどき杭を打つように登場する。順路型が空間を生み出す行為を語っているのに対して，地図型は場所の秩序の認識である。地図型の叙述は，順路をたどって得られる結果や可能性，なぜその順路を辿ったかを説明する。ド・セルトーによれば，地図型の語りの存在によって，空間の叙述は旅の物語となる。

　順路型と地図型の語りは，空間認知研究で言うところのルートマップ型とサーヴェイマップ型の表象に該当する。しかし，位置関係の把握以上のものを含んでいる。ルートマップはサーヴェイマップによって意味付けられる。実際のナヴィゲーションでも，ときに人は立ち止まり，辺りを見渡す。そこでなされるのは単にランドマークの視認ではない。全体的な把握，パースペクティブである。パースペクティブは，視覚的な風景だけでなく，サウンドスケープ，匂い，風や空気の感触，地面の感触といった感覚を含み，それらは身体の動きによって変化するので，パースペクティブは身体と環境との相互作用によってなされる。そしてパースペクティブは，経験によって評価され，これまでの行程を価値付け，今後の行程への意欲と，再訪への意志に影響を与える。

　昔の旅行図にはパースペクティブが描かれていた。道筋のところどころに風景が描かれ，それは故事来歴などの物語を伴っていた。そして，それらのパースペクティブは旅程全体を価値付け，旅行図を見る者に身体感覚を与える。

　地理学における空間認知研究は，もっぱら空間を幾何学的な空間として扱ってきた。幾何空間は幾何学という言語で表象できるがゆえに扱いやすかった。では，身体を媒介にして場所化する空間をどのように定式化すればよいのか。とりあえずは，空間行動を幾何学的な軌跡としてのみ扱うのではなく，あたかも舞台上での舞踏の流れ，あるいは修行者の遍路として捉えていく作業が必要であろう。

注

1) シェーファーの「例外主義」論文が評価されるようになるのは，計量革命が一段落してからである。実際に計量革命を主導したのはワシントン大学の地理学者たちであり，彼らにとっては，「例外主義」論文の存在とは別に，戦後アメリカにおいて空間の科学を指向しなければならない理由があった。アメリカ地理学界においては，第二次大戦中，様々な学問分野の研究者たちが戦争遂行に奉仕していた中で，

地誌学を重視する地理学が役に立たないものとして低く評価されたこともあって，従来の地誌学からの脱却を迫られていたことも計量革命の起こる契機となった（杉浦，1987:1991）。また，自然科学を模して学問の制度化を図ろうとする動きは，経済学をはじめとして第二次世界大戦後の社会科学に共通して見られた現象であった（佐和，1982）。

2) 例えば，シェーファーはコロロジーを批判したが，一方で，地理学を形態学的な法則を追求すべき学問として位置付けた。この点をついて，コロロジーも空間の科学も事物の幾何学的な関係に関心を持っており，実は似通っているという見解もあり（Sack，1974），この見解に立てば，空間の科学の登場は，「革命 revolution」ではなく「進化 evolution」にすぎなかったことになる。

3) 本節の内容は，文中で挙げた文献の他，先天性視覚障害者，歩行訓練士からの聞き取りに負っている。

文献

岡本耕平（1982）：認知距離研究の展望．人文地理 34，429-448．

岡本耕平（1998）：行動地理学の歴史と未来．人文地理 50，23-42．

岡本耕平（2003）：行動地理学の潮流．高橋伸夫編『21世紀の人文地理学展望』古今書院，pp.447-459．

カント，I.（2001）：『自然地理学』（カント全集第16巻）岩波書店

佐和隆光（1982）：『経済学とは何だろうか』岩波書店（岩波新書），214p．

芝田裕一（2000）：『視覚障害者のリハビリテーションと生活訓練』日本ライトハウス養成部，357p．

杉浦芳夫（1987）：Ackerman とアメリカ地理学の「体制化」－計量革命に関する一考察－．地理学評論 60A，323-346．

杉浦芳夫（1990）：多次元尺度構成法（MDS）による認知地図研究の進展－1980年代を中心に－．理論地理学ノート7，45-65．

杉浦芳夫（1991）：Schaefer の「例外主義」論文誕生の顛末に関する一考察．地理学評論 64A，303-326．

セルトー，M. 著，山田登世子訳（1987）：『日常的実践のポイエティーク』国文社．de Certear,M.（1980）: *Art de Faire*. Union Generale d7Editions.

ヘットナー，A. 著，平川一臣ほか訳（2001）：『地理学：歴史，本質，方法』古今書院．Hettner,A.（1927）: *Die Geographie, ihre Geschichte, ihr Wesen und ihre Methoden*. F.Hirt.

ルフェーヴル，H. 著，斎藤日出治訳（2000）：『空間の生産』青木書店．Lefebvre,H.

(1986): *La Production de l'espace, 3.ed.* (初版 1974) Editions Anthropos.

Barnes, T. and Gregory, D. (1997): Worlding geography: geography as situated knowledge. Barnes,T. and Gregory,D.eds. *Reading Human Geography; The Poetics and Politics of Inquiry.* Arnold, 14-26.

Gärling,T. and Golledge,R.G. eds. (1993): *Behaviour and Environment: Psychological and Geographical Approaches.* Elsevier Press, 483p.

Gleeson,B.J. (1996): A geography for disabled people? *Transactions of the Institute of British Geographers,* N.S. 21, 387-396

Gold, J.R. (1980): *An Introduction to Behavioural Geography.* Blackwell, 290p.

Golledge, R.G. (1993): Geography and the disabled: A survey with special reference to vision impaired and blind populations. *Transactions of the Institute of British Geographers* 18, pp.63-85

Golledge, R.G. (1995) Primitives of spatial knowledge. Nyerges,T. et al eds., *Cognitive Aspects of Human-Computer Interaction for GIS.* Kluwer Academic Press, 29-44

Golledge, R.G. and Stimson, R.J. (1987): Analytical Behavioral Geography. Croom Helm, 345p.

Hartshorne, R. (1939): *The Nature of Geography: A Critical survey of Current Thought in the Light of the Past.* Association of American Geographers. ハーツホーン（ハートショーン）著，野村正七訳（1957）：『地理学方法論：地理学の性質』朝倉書店．

Harvey, D. (1969): *Explanation in Geography.* Edward Arnold, London, 521p. ハーヴェイ著，松本正美訳（1979）：『地理学基礎論』古今書院，352p.

Harvey, D. (1973): *Social Justice and the City.* Edward Arnold. ハーヴェイ著，竹内啓一・松本正美訳（1980）：『都市と社会的不平等』日本ブリタニカ，437p.

Harvey, D. (1990): *The Condition of Postmodernity.* Blackwell. 378p. ハーヴェイ著，吉原直樹監訳（1999）：『ポストモダニティの条件』青木書店，478p.

Imrie, R. (1996a): Ableist geographies, disableist spaces: towards a reconstruction of Golledge's 'Geography and the disabled'. *Transactions of the Institute of British Geographers,* N.S.21, 397-403.

Linde,C.and Labov,W. (1975); Spatial networks as a site for the study of language and thought. *Language,* 51, 924-939

Massey, D.(1993a): Politics and space/time. Keith,M. and Pile,S. eds., *Place and the Politics of Identity.* マッシィ，D. 著，篠儀直子訳（1997）：政治と空間／時間．『１０＋１』No.11，INAX出版，121-137.

宮澤 仁(2000):「バリア・マップ」で考える肢体不自由者の生活空間②．地理 45(12)，69-77.

Massey, D.（1993b）: Power-Geometry and a progressive sense of place. Bird,J. et al. eds. *Mapping the Futures: Local Cultures, Global Change*, Routledge. マッシィ著，加藤政洋訳（2002）: 権力の幾何学と進歩的な場所感覚.『思想』No. 933, 岩波書店, 32-44.

Rose, G.（1993）: *Feminism and Geography*. Polity Press. ローズ著, 吉田容子ほか訳（2001）:『フェミニズムと地理学』地人書房.

Sack, R.D.（1974a）: The spatial separatist theme in geography. *Economic Geography* 50, pp.1-19.

Sack, R.D.（1974b）: Chorology and spatial analysis. *Annals of Association of American Geographers* 64, 439-452.

Schaefer, F.K.（1953）: Exceptionalism in geography: a methodological examination. *Annals of Association of American Geographers* 43, 226-249. シェーファー，F.K.著，野間三郎訳（1976）: 地理学における例外主義：その方法論的吟味. 野間三郎訳編：『空間の理論：地理科学のフロンティア』古今書院, 14-47.

Tuan, Y.F.（1977）: *Space and Place: the Perspective of Experience*. University of Minnesota Press, 235p. トゥアン，Y.F.著，山本浩訳：『空間の経験』筑摩書房.

第Ⅱ部　ハンディキャップを めぐる対話

第4章　視覚障害者の移動と空間認知

山本利和

1．視覚障害

　十分な光が目に入り，網膜でピントが合い，外界の情報が視神経を通って脳に伝達され，脳でその情報の妥当な解釈がなされる。こうしたプロセスのいずれかに異常が生じると視覚障害が発生することになる。このように視覚障害は，光が人に到達してから解釈されるまでの短いようで長い道のりの中で発生する障害なので，様々な症状を示すことになる。遠視や近視のような水晶体の屈折異常，視野の一部欠損や周辺視野欠損のような場合，あるいは光の刺激を適切に解釈できなくなる脳の障害など，視覚障害による見えにくさにも様々な状態や程度が発生する。

　視覚に障害のある人々は視覚障害者と総称されるが，上で述べたように実際には視覚障害者という名前でひとまとめにするのが適切でない場合もある。視覚障害者の視覚的世界は変化に富んでいて，視覚に障害があるといってもそれは様々である。全く見えない状態，全体がぼやけてしまった状態，視野の中心部分しか見えない状態，逆に視野の中心部分が見えない状態，視野の一部分が見えない状態などがある。

　目的地への移動や，空間を認知することに，こうした見え方の違いが影響を及ぼすことも知られている。例えば視野の中心部分が見えない人は，文字を読むのには大きな困難が伴うが，歩くということについては，視野の中心部分しか見えない人よりもずっと容易であるし，空間的環境の理解もすすみやすくなる。

　もう一つの大きな問題は，何歳くらいで失明したのかという点と，視覚に障害を感じるようになってからどれくらいの年月を経ているのかという点である。生まれつきあるいは生後の早い時期に失明した早期失明者の場合には，空間認知についての様々な問題が発生する。これに対して，年齢が高くなってから失明した中途失明者では，空間に関する様々な経験を経ているために，空

間を理解することが容易である。

ここではいろいろな話題を提供するが，視覚障害者を一つの枠に収めて考えてしまうことには問題がある場合が多く，視覚障害を一括して考えるのではなく，様々な状態の疾患があり，個人的指導をする場合にはそうした個人的特徴を考慮する必要があろう。つまりここで述べる話題は，すべての視覚障害者に等しく当てはまるわけではないので，もし，特定の視覚障害者にこの知識を役立てようとする場合には，そのための工夫が必要になるだろう。なお，晴眼者という言葉も使うが，それは視覚に障害の無い人という意味である。

2．視覚障害者にとっての歩きやすい場所，歩きにくい場所

2-1．歩きやすい場所

視覚障害者にとっての歩きやすい場所と歩きにくい場所がある。ランドマークが明確にあることや環境の手がかりであるクルーに気づきやすい場所は歩きやすい場所になる。ランドマークとは環境内で独立した目立った手がかりのことである。もちろん，晴眼者の誰もがランドマークにするようなものであっても視覚障害者のランドマークにならないものは多くある。視覚利用が制限されているので，巨大な建物や屋上の看板などは特別な場合を除いてランドマークになりにくい。白杖でたたくと音が響く道路標識の鉄柱とか，特有の路面の変化とか，特徴のある自動販売機の音などがランドマークになる（図4-1）。一方，

図4-1　音をだしている自動販売機がランドマークになっている

図 4-2　交通量の多い交差点では，車の音が交差点を示す手がかり（clue）になる

　クルーとは環境の空間的構造や状況についての情報である。道を歩く時に，前方を横切る車の音は交差点の存在を予期させる（図 4-2）。このようにクルーは固定された空間的環境での変化する刺激であり，車や人などの環境刺激の変化から空間的環境についての情報を得ることができる。

　線路を走る電車にハンドルが不必要であるように，外れる恐れの無い道を歩く時には，道に迷う心配がなく，目的地の方向や空間的環境について考える必要もない。一本道と名付けた道は，外れる恐れの無い道を指し示している。地下鉄乗り場から地上へと続く通路では，そこに入ってしまえば，地上出口まで道を外れる心配がない。あるいは塀に囲われた路地もそこを抜けるまで道を外れる心配がない。車いす利用者のために設けられたスロープでも，道を外れる心配無しに，進むことができる。図 4-3 はそうした一本道の例である。点字ブロックがわかりやすく敷設された道も一本道と言える。視覚障害者は遠方のランドマークを視覚的にとらえることが難しいので，移動している身体の近くにあるランドマークを利用することになる。そのために，記憶にとどめたランドマークの数が多くなりがちであり，歩行者の認知的な負荷が大きくなる。一本道はこうした認知的負荷を低減させる上でも有益である。

　歩道も一本道に近い道である。空間定位を失わせる原因の一つに，移動している空間からの気持ちの逸れがある。これは走行車両を避ける時に現れやすいが，歩道では走行車両に気を遣わずに歩行できるため，空間定位を失いにくい

図 4-3　一本道の例
この道をたどると自動的に目的地に到達できる。ここでは，身体障害者用のスロープが一本道になっている。

環境になる。また，歩道には手がかりとなるランドマークがある場合が多い。道路標識や電柱や店の看板とか，顕著な路面の変化などは移動に役立つ場合が多い。ただし，歩道には歩道との境界線が不明確な駐車場や，駐車場と車道とを結ぶドライブウェイがあったりするので，車道に出てしまったり，駐車場に迷い込んでしまう恐れもある。

2-2. 歩きにくい場所

　視覚障害者の単独移動は視覚を利用した移動とは異なる特徴を持っている。そのため，目的地への移動中に思わぬ出来事に遭遇することがある。例えば，駅近くの放置自転車を考えてみよう。放置自転車にぶつかって倒してしまい，それに気を取られている間に空間定位を失ってしまうことがある。また，同じ場所であっても，放置されている自転車の数は時間帯によって異なり，それが道を間違えさせる原因になることがある。もちろん放置自転車があることによって，駅が発見しやすくなる場合もある。

　地下街においても問題が発生する。図 4-4 は地下街の写真である。地下街の床面は均質で足でとらえる感覚からだけでは通路のどこに居るのかが分かりにくい。また BGM が音の手がかりを消しがちである。さらに音の広がりで交差点を発見しようとしても，店舗の入り口と交差点の区別がつきにくくなってい

図 4-4　地下街
路面の変化が少なく，音の手がかりも利用しずらく，店舗も多く，視覚障害者にとって歩きにくい条件が重なっている。

図 4-5　駐車場は視覚障害者が道を間違えやすい場所である

る。

　図4-5は駐車場入り口である。白杖歩行者は駐車場のような場所に迷い込むこともよくある。写真に見られるように，駐車場は道の延長上にあり，迷い込んでしまったことにすぐには気づきにくい。そのうえ，迷い込んでしまってから元の道に戻るのが難しい場合がある。

図 4-6　工事中の交差点

2-3. 時間に伴う環境の変化

　これまで紹介してきた固定した環境以外に，時々刻々と変化する状況がある。山本・芝田・増井（1994）はこれを基礎情報と呼び，固定した環境である地図情報とともに，視覚障害者の移動に大きな影響を及ぼすことを述べている。交通や工事などがそうした状況を生み出す。図 4-6 は工事中の交差点である。ここを白杖歩行しようとした人は，写真に向かって横断歩道より左側の防護柵に白杖がぶつかった。そこでその人は横断歩道を渡っている間に身体が右側に寄ってしまったと判断し，歩行の方向を左方向，すなわち交差点の内側に向けた。通常の状態では防護柵があるのは交差点の外側なので，こうした判断は正しいといえるのだが，この場所はそうではなかった。こうした工事という一時的な状況が歩行者の判断を狂わせ，大きな事故につながることもある。

　危険を感じさせる場所も数多くある。顔面近くの障害物は，白杖で把握しづらく衝突の危険をはらんでいる。ワゴン車の後部ドアのような不特定な物体によっても危険が生み出されることがある。他にも道沿いの小川や，プラットホーム，鉄条網，不規則な階段など白杖歩行者が危険を感じる場所がある。

3．さまざまな情報の利用

　視覚的情報の利用が制限される時，音が空間的環境を知る重要な手がかりに

表 4-1　白杖歩行者が利用する手がかり

手がかりの種類	白杖歩行者の行動目標				
	位置と方向の定位	交差点の発見と通過		危険箇所の安全な通過	進行方向の維持
		交差点にさしかかる前	交差点・信号		
車などの利用	一方通行の路から現在地点を確認する。交通量から路地か広い道路かを判断する。	車の音で交差点が近いのを知る。	車や自転車の音を手がかりに交差点を渡る。信号の色を車の発進、停止音から推測する。前方を横切る車の音で交差点を発見する。車の回り込む音で交差点を発見する。	自転車・自動車・トラックなど移動するものに用心する。	並行して走る車や直角に走る車の音を利用してまっすぐ歩く。
道路の形状	特徴的な路面の変化。	下り勾配が交差点の予告信号になる。路面の変化。	角切り、縁石の形状の変化から交差点を発見する。誘導ブロックによる交差点の確認。路面の変化。	電柱など固定した物が歩道に立っている。	溝をつたってまっすぐ歩く。白線の盛り上がりを利用してまっすぐ歩く。道路の水勾配を利用して、道路の中心を歩行しているのを知る。マンホールの蓋を踏んで、道路の中心を歩行しているのを知る。
風・音などの手がかり			横風により交差点を発見する。音の抜け方で交差点を発見する。	騒音が激しいと、接近する車の音を聞き逃すなどして危ない。	
ランドマークの利用	特徴ある音(冷房ファンの音・工場の騒音等)、におい(寿司屋・たこ焼き屋のにおい等)から現在地を知る。鉄板・電柱などの固定した対象物から位置を知る。				
移動地域についての知識	ライトハウス周辺の道路の関係とその名称。信号機などの位置についての知識。				

なる。自動車や自転車の音，人の足音，話し声，音響信号機，自分自身の足音，交差点などでの音の広がり，廊下でのこもった音，等々，場所の推測や空間定位に音は使われる。また音以外の感覚を通じて空間的環境の情報が把握される。路面の変化，太陽の熱や光，横風，匂い等が利用される。

表4-1は白杖を使って歩いている人に，感じたことを，歩行中に次々と語ってもらい，そのプロトコルを整理し，どのような手がかりが視覚を使わない歩行で利用されるのかをまとめた表である（山本ほか，1994）。表を見ると明らかであるが，交差点の発見や危険の回避のために音やその他の様々な手がかりが使われていることがわかる。

これまでのことをまとめると，歩きやすい環境とは一本道にあったように目的地に向かうことが容易であり，交差点が発見しやすい場所であり，危険を感じることの少ない安心して歩ける場所である。舗装路と砂利道のようなコントラストの明確な道はたどりやすく，また，路面の明らかな変化やわかりやすいランドマークは交差点の発見や位置の定位に役立つ。つまり，歩きやすい環境とは位置と方向の定位を失う可能性が少なく，さらに事故への恐怖を抱かせないような環境であると言えよう。

逆に，歩きにくい環境とは，交差点の発見を困難にしたり，誤って交差点だと感じさせたり，経路上の手がかりを見つけにくくするような場所である。また，危険を感じさせる場所も歩きにくい環境である。駅近くの歩道にあふれた自転車は歩道上のランドマークを見失わせるだろうし，白杖がひっかかって歩きにくい。交差点近くの空き地や駐車場も道を誤らせる原因になる。また，人の意外な動きも経路を誤る原因になるようである。このように，歩きにくい環境とは，空間内での方向定位が失われやすく，また不愉快さとか危険を感じさせやすい場所であると言えよう。

4．視覚障害者と地図

視覚障害者の移動や環境理解を助けるために，触地図，円盤形地図，テープレコーダーやメモリを利用した言葉による地図などのさまざまな種類の地図が考案されてきた（例えば，新井，1980；James and Armstrong，1976；Leonard and Newman，1970）。こうした中で触地図が最も作製される機会が多い。図4-7は触地図の例である。

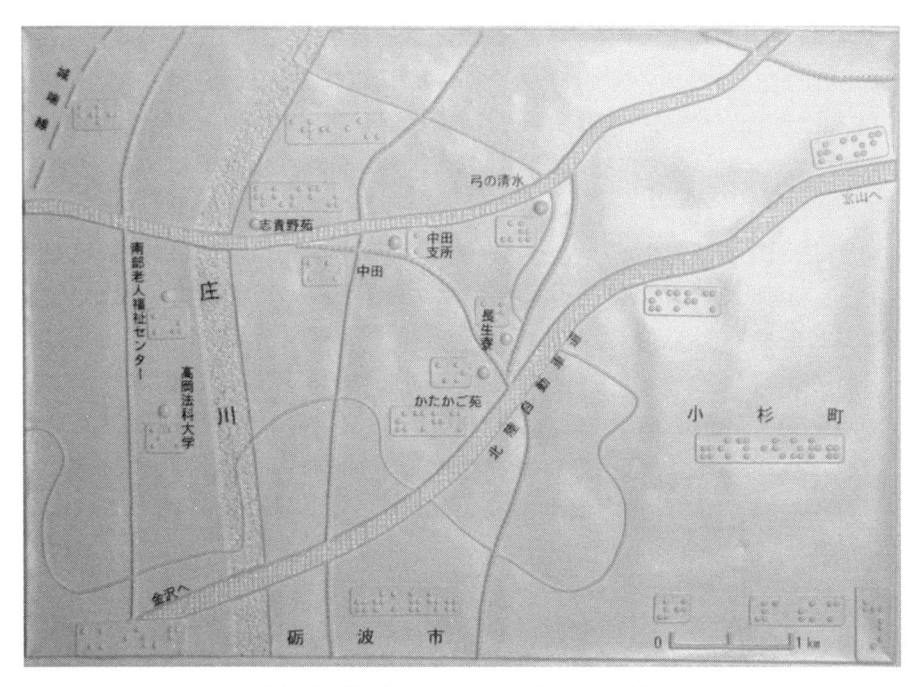

図4-7 触地図の例（日本ライトハウス製）

　触地図(図4-7)は地形を真上から見た地図に基づいて，地形図，地域図，交通図などが記入でき，それに触れる視覚障害者に，実際的あるいは概念的情報を与えることができるし，同時的に地図上の複数の地点に触れることで複雑な地域を理解させるのに役立たせることが期待されるし，様々な規模の地理的関係を伝えることが容易になるのではないかとも考えられた（Wiedel and Groves, 1970）。この点について，触地図が視覚障害者の環境理解に役立つことがいくつかの研究で示されている（例えば，Herman et al., 1983；Landau et al., 1984；Ungar et al., 1994）。しかしながら，これらの研究は移動の伴う空間ではあるが，それでも比較的小さな空間で行われており，何百メートルも歩かなければたどり着けないような空間と触地図の理解との関係は明確ではない。視覚障害者に移動方法を指導する歩行訓練士の報告では，触地図を触れさせただけでは歩行域全体の地図的把握や現地歩行が困難なことが述べられている(新井, 1980)。また，歩行訓練士の報告では視覚障害の程度や視覚経験によっても結果が異なるとされている。

　しかし，触地図は提示方法に工夫を凝らしたり，ある程度視覚経験があり歩

行能力のある視覚障害者に使ったりすることで役立つものになるようである。12歳で失明した成人の視覚障害者を被験者とした研究（山本，2000）では図4-8のように長い経路を細切れにして提示するストリップ・マップ（Golledge, 1991）形式の触地図で経路を探索させ，歩行中に，「交差点です」，「信号のある交差点です」，「階段の降り口です」，「信号は青（赤・黄色）です」という基礎情報を被験者にトランシーバーで告げるようにすると，わずかに3回の誤りがあっただけで名古屋駅から名古屋城までの経路を白杖で歩行することができた（山本，2000）。

　触地図が役立つという主張（例えば，Ungar, 2000）は環境の空間的構造についての知識を触地図から獲得し，それを移動やその他の空間的な決定に利用できるとするものである。その意味で，触地図は役立つと考えられる。実際，日本の学校教育においても触地図を使って地理的知識の習得が行われている。

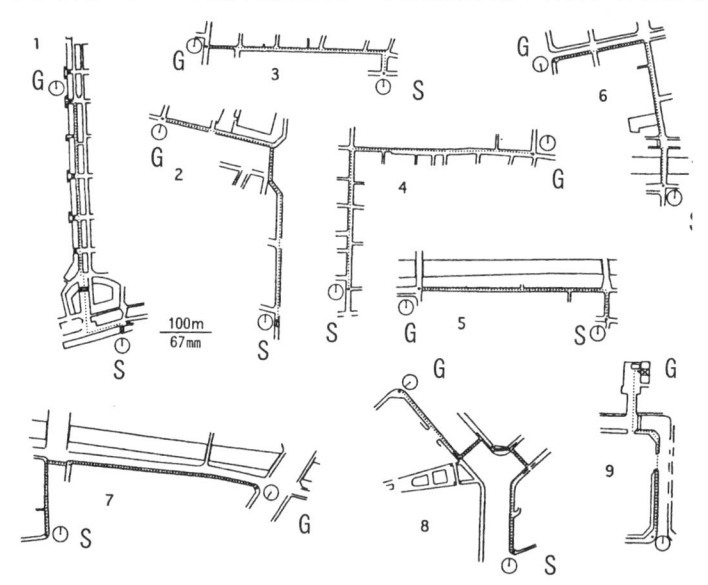

図4-8　JR名古屋駅から名古屋城入場券売り場前までの経路を9分割し，それぞれの部分をストリップ・マップ形式の触地図で表現したもの

各ストリップ・マップの出発点（S）と到達点（G）には丸印と棒線が触図化されている。出発点の丸印と棒線は，それぞれのストリップ・マップと利用者とのアライメントを取るために利用される。地図の到着点にある丸印と棒線は，到着点に達した利用者がその棒線の方向に体を向けるための指示である。利用者は棒線の方向に体の向きを変え，その後次の触地図を使う。

出典：山本（2000）

図 4-9　大学入試センター試験問題にあった触地図

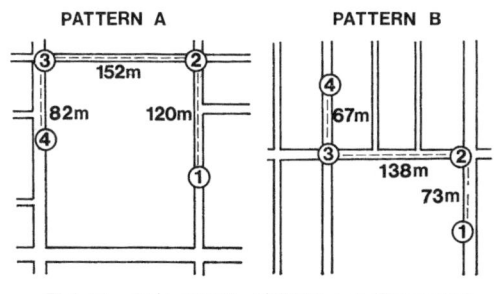

図 4-10　山本（1986）が課題とした場所の地図
出典：山本（1986）

また，そのための教材も作成されている。例えば，東洋史における黄河などの河川と都市の関係や，西洋史における都市の位置関係などの学習に利用されているし，大学入試センター試験の問題にも触地図を使った出題が行われている（図4-9）。

しかしながら，触地図を移動のために使う場合に発生する問題も明白である。図4-10はある地域の地図である。この二つの地域の経路を1000分の1縮尺の触地図にしておき，それを被験者が触った後にこれらの地域を歩かせると，生後3歳以前に失明した早期失明者達は左側のパターンAでは誤りなく目的地（④の場所）までたどりつけたが，右側のパターンBでは③の場所で進む方向を間違えた（山本，1986）。これには，触地図を学習する方法に起因する二つの原因があった。触地図を記憶する場合，ある人は言葉でそれを記憶しようとする。例えばパターンAでは経路の方向が変わるごとに，「左」・「左」と記憶する。また手と腕の運動感覚で記憶しようとする場合もある。パターンAの場合は，左の方向への運動感覚で記憶することになる。触地図を触った時の言語的記憶や，手と腕の運動感覚と現地での身体運動感覚が一致するパターンAでは誤りがなかったが，パターンBではそうはいかなかった。パターンBの言語的記憶は，「左」・「まっすぐ」と行われる場合があったし，触地図を触ったときの手と腕の運動感覚も，左に曲がって前に向かうという感覚が残った。このように，触地図を読む時に固定している身体と地図の関係は，実際の移動の時には現実の空間と身体との関係が移動に伴って変化するため，パターンBでは③の地点でまっすぐ進んでしまう誤りが多くなってしまった。

現地の情報を読みとる時に，身体定位が重要になることは明白である。同じ研究で二つのパターンについて40分の1縮尺の模型を作り，それを歩いて学習した場合には，実際の歩行ではパターンAでの誤りはなく，パターンBでも誤った人の数は4人の被験者のうち1人だけであった。つまり，触地図では地図を読みとる時の身体定位と実際に歩いている時の身体定位とのずれが歩行における誤りを引き起こすのに対し，移動を伴って学習しなければならない40分の1縮尺の地図では地図学習の時と現地を移動する時とで同じ身体定位を経験するために，現地での移動の誤りが減少すると考えられる。

このように，触地図における問題点は，地図そのものの学習は可能であり地図の上で思考することはできるが，地図と現地との対応関係が把握されにくいという点にある。また，それに視覚経験の影響は大きく，より長い期間の視覚

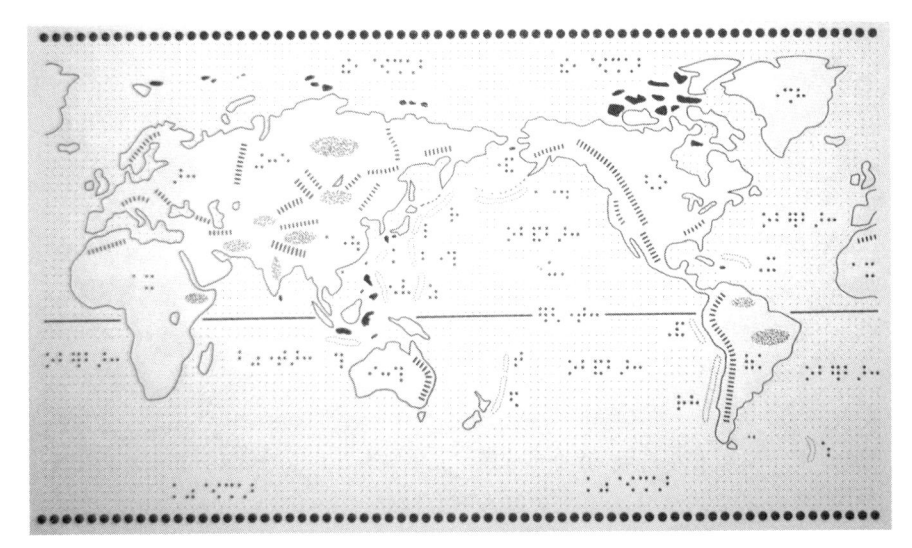

図 4-11　凹凸で描かれた世界地図（日本ライトハウス製造）

経験があるほど地図と現地の対応関係の把握が容易になる。

　地図が持つ，忘れてはならない機能は，実際には体験できない世界について知ることである。視覚障害者の場合も触地図による世界地図で，世界の様々な国の関係を学んでいる（図 4-11）。しかし，触覚的に図を理解することには困難が伴い様々な誤解を生み出すことがある。私は数年前に東欧出身の全盲の若い学生と話をしたことがある。その時「日本はインドの隣にある国ですね」と言われ，驚いた。つまり，広い領域をカバーした触地図で日本とインドに触れ，その経験から，両国が位置的に隣り合わせにあるという知識が形成されたようである。このように，触地図はそれだけで情報を得ることが難しい場合が多いようで，触地図に触れている学生への言語による解説が必要になる。

5．移動・空間認知・コミュニケーション

　さて，視覚障害者の移動と触地図の問題を述べてきたが，視覚障害者の移動の特徴はどのように捉えればよいのであろうか。その話題に進む前に，一般的に移動や地図がどのような関係にあるのかを考え直してみよう。

　ある目的地へ移動するという行為の背後に仮定される人間の心理的モデルでは，移動に影響する様々な要因が取り上げられている。それらの要因は循環し

ており，互いが独立して成り立っていないという特徴を持っている。また，身体，環境，コミュニケーション手段という三つの互いに密接に関連しあった部分を持っているという特徴もある。図4-12はその心理的モデルを示している。

　図4-12を使いながら解説しよう。ある地点から別のある地点までの移動についての計画を移動計画という。移動計画を分類してみると図4-13のように異なる水準の移動計画があることに気づく。それは身体運動水準，ランドマーク水準，ノード水準，領域水準である。身体運動水準での移動計画とは，歩道のある道を選択するとか，道の左側の方に手がかりが多くあり歩きやすいとかいうような，歩行している人間に最も近い水準での移動計画である。視覚障害者の歩行にとって，この水準の移動計画は晴眼者以上に意味を持っている。歩道の有無，交通量の多少，路面の状態，反響音のとらえやすさ，騒音の大小，手がかりの有無など，視覚障害者以外では移動計画を考慮する時の要因にはなりにくいような事柄であっても，視覚障害者の移動を成功させるために考慮すべきことがある。人は個人的な認知においてもコミュニケーションにおいても異なる水準でもって空間を認知している。もちろんこれらの水準は独立しているのではなく相互的であるため，こうした水準の分類は移動計画を客観的に考えるための分類である。

　移動計画に従って，実際の移動が発生する。移動は環境内で行われるのだが，この移動に伴って空間内での定位の変化が発生し，個人空間が広がっていく。

　個人空間とは，今ここで，主観的に捉えている空間のことである。我々が移動すると，その移動に伴って我々の身体と環境との相対的関係が変化する。こうした変化は特に視覚を中心とした理論の中で取り上げられてきた（Gibson, 1979）。移動に伴う不変項の抽出は，身体が動くことで環境の変化しない構造が感じ取られ，それによって身体の動きに関わらないで安定している環境を感じ取れるようになることをさしている。不変項の抽出は視覚以外の感覚でも行われており，それが視覚障害者の個人空間を形成している。視覚障害児に対するバンジー訓練（山本, 2000）は，移動中の視覚障害児とランドマークとを長いゴム紐で結び，ゴム紐の引っ張る感覚から移動に伴ったランドマークの位置の変化を視覚以外の感覚で捉えさせる方法であるが，こうした方法を使うことによって視覚障害児はかなり容易に不変項の抽出に成功することが示されており，我々の移動と，それに伴う環境情報の変化を認知することが空間認知に重要であり，それは視覚障害児にわかりやすい形で提供されるなら，晴眼児と同

第 4 章　視覚障害者の移動と空間認知　85

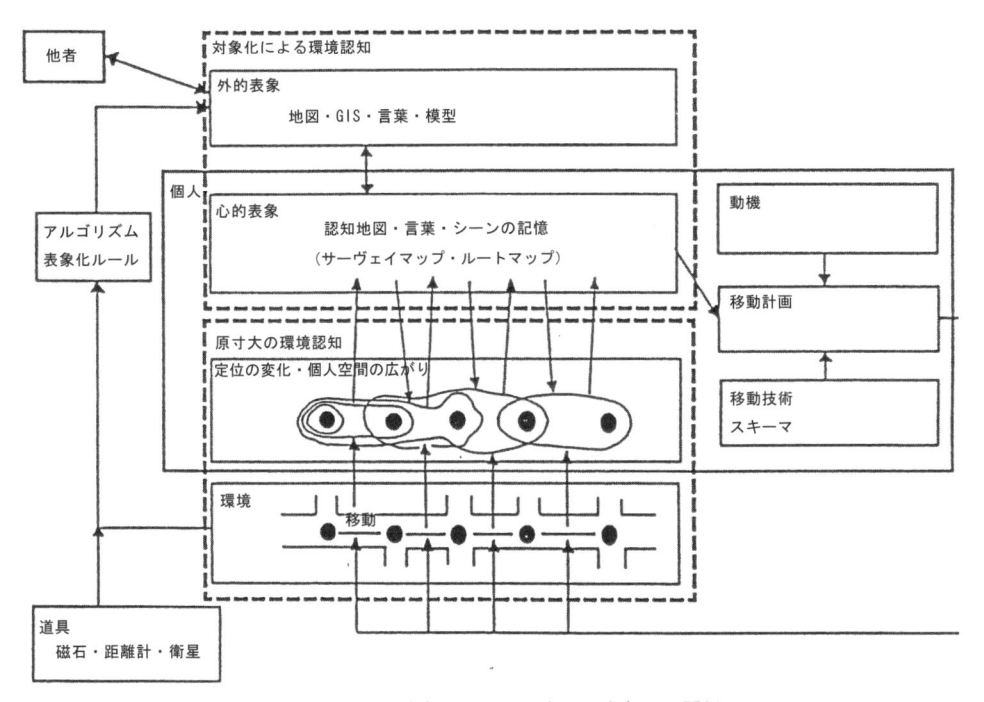

図 4-12　視覚障害者の移動と空間の表象化の関係

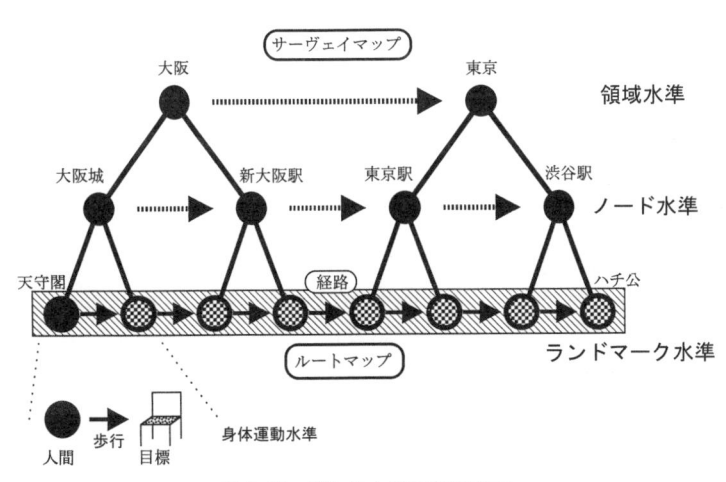

図 4-13　異なる水準の移動計画
出典：山本（1993）

じ効果をもたらすと考えられる。

　視覚障害者にとっての個人空間は，視覚という遠方の不変項をとらえるのに適している感覚を使っていないため，晴眼者と比較すると狭い範囲のものになりがちである。移動に伴って個人空間は拡大するが，個人空間が狭いためにその拡大には限度が見られるようになる。晴眼者は移動に伴って個人空間が広がり，結果的に経験した空間の全体的な認知が可能になる。ところが，視覚障害者の狭い個人空間では，経験した空間は結合して新しい大きな空間になっていくというよりは，狭い個人空間の連続として空間が認知されていくことになる。

　個人空間は乗り物などを使うことで，その連続性にとぎれが発生する。歩行中にもこうした個人空間のとぎれが発生することもある。このように，個人空間は無限に広がる空間ではなく，今，私たちが感じている空間なのである。そして，その広さは視覚が使用できるかどうかによって変化する。

　実際に移動が行われる環境と，実際に移動を行っている人間は現象として，その場に存在しており，空間とか身体とかが一体となった状態でその環境を体験しているはずである。このことを原寸大の環境認知とよんでいる（山本，1993）。原寸大の環境認知は，移動そのものでもあるので，目的地への移動を成り立たせている重要な要素ではあるが，人の移動を考える場合には別の点にも注目する必要があろう。

　個人空間が我々の感じ取っている空間そのものであるのに対し，心的表象はその空間を対象化したものになる。つまり，個人空間をいずれかの情報モードで符号化し我々の記憶に貯蔵し，移動に活用することが可能になるわけである。認知地図，言葉による経路の説明などは心的表象を指し示している。歩行訓練における口頭ファム（口頭ファミリアリゼーション）では実際にその空間にいないにもかかわらず，対象とする空間について考えなければならない。このとき心的表象を経験できるであろう。

　空間に関する個人的体験は心的表象を通じて外的表象にすることができる。我々は，移動によって経験した空間や認知した空間を他者と共有することができるが，それは他者とのコミュニケーションが外的表象によって媒介されて成り立つからである。言葉，地図，模型などの外的表象を使って我々の個人的体験は共有の体験へと変貌する。心的表象や外的表象は空間での体験そのものではなく，現象として体験したことがらを対象化したものである。そこで，これを対象化による環境認知と呼ぶことにしている（山本，1993）。

ところで現地を何らかのアルゴリズムを通じて表象化することで外的表象にすることもできる。こうして生み出された外的表象は主観的経験に基づいて作り出された外的表象よりは厳密な基準に基づき，より正確に現地を表現するようにできあがっている。地図やGIS，あるいは言葉や模型などがそうした外的表象である。実際の環境は磁石や距離計や写真や人工衛星を使った情報収集と，そうして得られたデータを変換規則に当てはめることで外的表象へと形を変え，地図や案内の言葉に変換される。人間の移動にとって，他者と知識を共有することはきわめて重要であり，外的表象はそのために無くてはならないものである。また，一方では，外的表象にある情報が心的表象を通じて我々の空間認知システムに取り込まれていく。

触地図を読みとるのに困難を感じたり，空間に関する他者とのコミュニケーションが成立しづらくなるのは，晴眼者を中心として作り上げられてきた外的表象が，視覚障害者の個人空間を中心に形成されてきた心的表象と一致しないためであろう。

以上のように我々の目的地への移動は，移動計画による制御に基づいて行われ，その結果として環境の空間定位が変化し個人空間が広がり，それと同時に心的表象の変化が生まれる。一方外的表象は他者とのコミュニケーションや地図のような空間情報の利用につながり，我々の移動を支援する大切な要素となっていく。そして，再び，それらの情報に基づいて移動計画の変更が発生し，次の移動が始まる。このように我々の移動は原寸大の環境認知と呼ばれる現象としての移動と，対象化による環境認知と呼ばれる対象化した情報の伝達と利用と，それらに基づいた次の移動計画とが循環的につながって行われているといえよう。

6．技術・知識・心がまえ・目的

歩行の場合，目で安全が確かめられ，移動の方向が確認されながら，足が交互に前に出される。こうしたあたりまえの事柄が，視覚障害者の歩行にとって難しいことがある。視覚が利用できない時に，何の手がかりも無しにまっすぐ歩くのは難しいことである。交差点を見つけだし，適当な場所で立ち止まり，安全を確認してから横断するのも難しいことである。こうした問題を解決するために，視覚障害者に対する歩行訓練が行われてきた。歩行訓練では，歩行訓

練士によって，眼の不自由な人々が環境内を安全に効率よく移動できる身体技術や認知技能を身につけるように訓練が行われる。訓練は大ざっぱにいって定位と移動という二つの要素から成り立っている。まず定位（Orientation）とは，人が空間内のどこにいてどの方向を向いているのかという感覚と，どこに行こうとし，どのようにたどり着こうとしているのかについての知識をさす。まだ経験していない環境と自分自身との空間関係についての推論など，日常的に行われる様々な空間的活動が定位の問題としてとりまとめられる。もう一つは移動（Mobility）である。移動とは，歩くことや車で動くことのように，自分自身の位置を動かすことである。移動は歩行だけでなく車や電車などの交通機関など様々な方法で行われる。歩行訓練ではそうした移動も訓練の範囲に含まれるが，それでもやはり歩行が中心になる。そして歩行訓練（Orientation and Mobility）とは，家や学校などへの移動を，自分の力で安全に効率よく快適に行えるようにするための訓練ということになる。

　歩行訓練は視覚障害者の生活全般と関わる部分があるが，技術的な面だけをあえて抜き出すと，そこには手引き歩行技術，屋内歩行技術，白杖歩行技術，盲導犬を使った歩行技術,電子機器を使った歩行技術が含まれている。例えば，白杖を左右に振る時に，場面に応じてどのように白杖を使えばよいのかといった技術が指導される。白杖を使った歩行や，屋内歩行のような技術によって移動が容易になることは言うまでもない。こうした技術の修得は視覚障害者の移動にとって非常に役立つ。移動技術の習得水準には個人差があり，そのため，移動計画はこの移動技術水準の影響を受けることになる。

　視覚障害者の移動においては，知識も重視されている。交差点とはどのようなものなのか。一方通行とは何なのか。自動車の特性は何なのか。などの，我々の日常空間に存在する数多くの規則がある。そうした知識を持っておくことが視覚障害者の歩行を援助することになる。

　空間をどのように表象化し，どのように表象から個人空間の広がりを作り上げるのかに関する方略がある。この空間的方略とでも呼ぶべきものは，それぞれの人の空間体験に依存している部分が多い。視覚障害者の場合，空間を移動するときに道を誤ることの危険性を十分に知っているため，より安全で迷わないような道を選択するが，こうしたことは典型的な視覚障害者の空間的方略である。また,空間を感じ取る時に,体を中心とした触察が個人空間の基本となっているため，視覚を中心とした眺める個人空間を利用する晴眼者とのあいだに,

空間的方略のずれが発生する。つまり，前者は個人中心的で狭い空間をつないでいくような空間的方略を採るのに対し，後者では領域的空間を形成するという空間的方略になる。もちろんこれらの方略は視覚経験，移動技術など様々な要因によって影響されるであろう。

　空間についてのスキーマも視覚障害者の移動を助ける重要な知識である。交差点の形状であるとか，交通信号機の仕組み，一方通行，車の左側通行，改札システム，コンビニやスーパーの商品配列，デパートのフロア構成など，我々の世界の様々なルールや仕様は移動に生かすことのできるスキーマとすることができる。こうしたスキーマは移動に伴う体験や外的表象を通じて蓄積され，それが心的表象の形成や移動計画に影響していく。

　以上のように視覚障害者の移動を考える時に技術と知識の重要さを指摘することができる。しかし，それ以上に大切であると思われるものが，移動する人の心がまえである。ここで心がまえとよんでいるのは移動方法などを規定する総合的な心の働きことである。いわば，目的地への移動を制御する最も上位の認知機能に相当する。例えば，安全に移動することに心がまえが向けられている視覚障害者は，歩車道の区別の無い近道を選ぶよりも，遠回りではあっても，歩道の整備された道を選択するだろう。

　また，移動の目的は移動がどのように行われるのかに関連している。買い物，散歩，旅行，探検など，移動には異なった目的が存在する。移動計画は目的の影響を強く受ける。目的は移動計画に影響するだけではなく，個人空間の広がりや，心的表象の形成，あるいは外的表象の作成にも影響するので，人間の空間認知全般に広く影響していると考えられる。

　図4-12の空間認知に関する心理的モデルは，移動計画，個人空間の広がり，心的表象と外的表象の役割という移動に伴う循環を示している。この図式全体に影響するものが，技術，知識，心がまえ，目的になる。移動計画は技術や知識や心がまえや目的を抜きに考えられない。また，原寸大の環境認知においても技術や知識や心がまえや目的は影響する。表象についても同じことがおこる。そこで，図4-12ではすべてを含む形で技術，知識，心がまえ，目的を描いている。

7．おわりに

　移動には多くの要素が含まれており，この章の最初にのべた具体例をこうし

た理論的な説明で解説することができると同時に，視覚障害者の移動を支援する上で何が重要であるのかを予想することができると考えられる。

　視覚障害者にとって移動は，障害を特徴付けるようなハンディキャップである。従来は移動者である視覚障害者に技術や知識を指導することで移動を容易にする試みと並行して点字ブロックの敷設や音響信号機の設置や電子機器の可能性を探ることが試みられてきた。その中で，移動を支援する電子機器はまだ多くの視覚に障害のあるユーザーに利用されているとはいいがたい状況にある。しかしながら，近年の地理学における地理的情報収集と電子化には障害者の福祉に役立つ利点が数多く見受けられ，それらが実用的水準で活用されるようになれば，視覚障害者が直面する問題を緩和するのに大いに役立つであろう。そうしたシステム設計の場面で，理論的枠組みが必要になるだろうと考えられる。

　以上のように，視覚障害者の空間認知を理解するだけでなく，将来的な福祉システムの実用化に向けて，空間認知研究が活かされることが望まれる。

文献

新井　宏（1980）：地図と歩行訓練．視覚障害研究，11,23-50.

山本利和（1986）：早期失明者と晴眼者における大・小縮尺模型の現地歩行に及ぼす効果．教育心理学研究，34, 197-203.

山本利和（1993）：環境認知と目的地への移動：原寸大の環境認知と対象化による環境認知．MERA 2, pp.47-54.

山本利和（2000）：視覚障害者の白杖歩行に関わる2種類の情報．大阪教育大紀要，第IV部門教育科学，48, 359-373.

山本利和・芝田裕一・増井幸恵（1994）：白杖歩行者が求める空間情報に関する調査．視覚障害リハビリテーション，40, 11-32.

Golledge, R.G.（1991）: Tactual strip maps as navigational aids. *Journal of Visual Impairment and Blindness*, 85, 296-301.

Gibson,J.J.（1979）: *The Ecological Approach to Visual Perception*. Houghton-Mifflin. ギブソン著，古沢　敬・古沢愛子・辻敬一郎・村瀬　旻訳（1985）：『生態学的視覚論－ヒトの知覚世界を探る－』サイエンス社.

Herman, J.F., Herman, T.G., and Chatman, S.P.（1983）: Constructing cognitive maps from partial information: a demonstration study with congenitally blind subjects. *Journal of Visual Impairment and Blindness*, 77, 195-198.

James, G.A. and Armstrong, J.D. (1976) : *Mobility Monograph No.2 Blind Mobility*. Research Unit University of Nottingham.

Landau, B., Spelke, E. and Gleitman, H. (1984) : Spatial knowledge in a young blind child. *Cognition*, 16, 225-160.

Leonard, J.A. and Newman, R.C. (1970) : Three types of "maps" for blind travel. *Ergonomics*, 13, 165-179.

Ungar, S., Blades, M., Spencer, C. and Morsley, K. (1994) : Can visually impaired children use tactile maps to estimate directions? *Journal of Visual Impairment and Blindness*, 88, 221-233.

Ungar, S. (2000) : Cognitive Mapping without Visual Experience. Kitchin, R. and Freundschuh, S. eds. *Cognitive Mapping: Past, Present and Future*. Routledge, 221-248.

Wiedel, J.W. and Groves, P.A. (1969) : *Tactual Mapping: Design, Reproduction, Reading and Interpretation*. Washington, DC: Department of Health, Education and Welfare.

コラムA　視覚障害者の空間認知と移動情報

本間昭信

はじめに

　視覚障害者は，自らの移動に必要とされる空間的な情報を一度に取り込むことが難しい。それゆえ，触覚，聴覚，嗅覚など，自らの身体を中心とした空間の情報に対して，より多くの注意を払うことが必要とされる人々ともいえる。そのため，晴眼者に比べ，日常生活における移動に著しい制約を伴う。こうした移動時の制約がどのようなものかを理解するには，視覚障害者が自らの生活する日常的な空間をどのように認知し，行動しているのかを知る必要がある。ここでは，視覚障害者の空間認知と実際の移動環境のかかわりについて，視覚障害者が日常的な移動の個々の場面で，どのような情報を把握し，移動に利用しているのかという問いから考えてみたい。

研究方法

　研究対象とする個人の生活環境について，より深い理解を得るには，対象者自身が自らの生活環境をどのように理解しているかを知ることが重要となる。ここでは，図A-1に示した研究対象地域内での視覚障害者の移動を例に，移動時に利用する空間的な手掛り，すなわち移動情報の聞き取りによって考えてみる。なお，調査には社会福祉法人京都ライトハウス（以下，ライトハウスと略称する）[1]に所属する訓練生[2]，訓練修了者，あわせて31名への聞き取りを行った（表A-1）。また，具体的な手順については，図A-1に示す視覚障害者施設（A1）から，地点B～Jの9地点までの移動に際して，対象者が利用する空間的な手掛りを聞き取るものである。

移動情報の聞き取り結果とその比較

　まず，個々の地点までの経路上で利用している移動情報について調べた結果，対象者はそれぞれの経路について，自らの移動にあわせて様々な手掛りを有していることがわかった。以下は，発話による移動内容の説明を記した例である。

表A-1 研究対象者の属性

	サンプル数	性別（男：女）	年齢/平均（歳）	訓練期間/平均（月）	現在の視力になってからの期間/平均（年）
晴眼者	6	6:0	26-51/40.7	-	
弱視者					
軽度弱視者	8	5:3	33-64/49.1	3-24/ 6.6	1- 3/ 2.2
重度弱視者	9	4:5	20-64/44.9	3-18/11.3	1- 4/ 2.1
全盲者					
中途失明者	8	7:1	27-61/45.4	3-18/20.2	1-15/ 6.6
早期失明者	6	1:5	26-56/33.5	-	26-56/33.5

- ▲ A1: 訓練施設
- ▲ A2: 寮
- ● B: 自販機1
- ● C: 自販機2
- ● D: コンビニエンスストア
- ● E: 郵便局
- ● F: スーパー
- ● G: 商店
- ● H: 薬局
- ● I: 歯科医院
- ● J: 銀行
- ══ 訓練ルート

図A-1　研究対象地域と対象地点

　地点A1から最も近い地点Bへ移動する場合，「視覚障害者施設を出て，視覚障害者誘導用ブロックを頼りに傾斜地を下り，下りきったところを左折，そして直進して視覚障害者誘導用ブロックを頼りに歩いていくと，歩道の幅員が広がる。その付近にバス停へのアプローチを示す視覚障害者誘導用ブロックがある。そしてバス停を確認しながら歩行していくと段差があるので船岡寮（高齢の視覚障害者向けの寮）の前に達することを認識する。歩道を一本越えて更

に進むと，歩道がタイルに変わる。そして，進行方向右手には，音声信号の音が聞こえ，北大路通りに達したことが認識できる。そして左手に寄っていくと，駐輪している自転車が多くなり，白杖で探査していくと，自転車と自転車の間に人が通れる位のスペースが発見できる。さらに注意深く進むと入り口を定位できる。」

　この事例からもわかるように，「視覚障害者誘導用ブロック」，「バス停」のような比較的，晴眼者からも指摘しやすい項目もあるが，「段差」，「タイルの変化」といった微細な環境の変化に対する手掛りが，空間定位に役立っていることがわかる。
　このように，視覚障害者は，移動の際の空間的な手掛りとなる情報を触覚，聴覚，嗅覚といった様々な感覚を介して認識している（表A-2）。たとえば，触覚による情報は，先の例に挙げた視覚障害者誘導用ブロックに加え，車道と歩道の間などの段差，舗装の変化，坂道の傾斜の把握，白杖による物理的障壁の発見として挙げられる。また，聴覚から得る情報としては，音声信号から流れる音声に加え，車が発する音の違いによって，交差点の信号がどのような状態かを判断したり，車が走る音に沿って歩くことによって自らが真っ直ぐ歩いていることを確認したりする。さらには，対象地域に特有の西陣織を営む家から聞こえてくる織機の音を利用して，自分がどこにいるかを定位していくといった地域特有の空間情報も回答として得られた。そのほかにも，飲食店からの匂い，また，川沿いの道や橋，路地から大通りに出る際の空間がひらける感じといった，嗅覚や場所特有の雰囲気的な項目が回答された。こうした情報は，対象とした視覚障害者，個々人でばらつきがある。視覚障害者の移動に関する情報については，ホール（1970）や佐々木（2000）が指摘するように，街路のレンガ壁から歩道に放散される熱の検知，あるいは壁との距離を自分の足音の反響音で聞き分けるなど，視覚障害者の用いる移動情報には多様性がある。
　次に，得られた移動情報について，全盲者（早期失明者，中途失明者），弱視者と三つの障害の度合いに応じて，対象者ごとに比較を行う。なお，比較に際しては，全盲の全ての対象者が回答可能であった4地点についての比較となる。そして，それぞれの地点までの移動情報量の平均値を示したものが表A-3となる。
　この結果，全盲者の場合では，中途失明者に比べ，早期失明者の利用する情

表A-2 多様な空間的手掛りの存在

触覚情報	誘導用ブロック，段差（車道と歩道の間など），舗装の変化，階段，横断歩道，側溝，植え込み，角きり，橋，生垣ほか
聴覚情報	音響信号，車の流れ，空調機の音，自販機のコンプレッサーの音、織機の音，川の流れ，バスの音，店舗からの音ほか
嗅覚情報	店舗からの独特の匂い（たとえば，飲食店，食料品店，理髪店等）ほか
その他（雰囲気等）	川沿いの道，橋，路地から大通りへの空間がひらける感じ，壁伝いの道ほか

注）ここに示した情報は，一例であり，実際の聞き取りでは多くの情報が挙げられた。

表A-3 移動時の空間的手掛りの個数（個）
弱視者と中途失明者と早期失明者の比較

区間	弱視者	中途失明者	早期失明者
A1-B	5.7	6.0	6.7
A1-D	8.1	9.0	9.7
A1-E	10.6	12.1	13.8
A1-F	8.9	8.8	10.8

地点表記は図A-1と同じである。

報量が多いことがわかる。弱視者については，早期，中途失明両者に比べて，全体的に利用している移動情報が少ないことが読み取れる。また，弱視者に対する聞き取りから，弱視者は，交差点や通りと通りの切れ目など，移動経路の中でも自らがどこにいるかを確認するために必要な情報についての発話が多くみられた。こうした傾向は，残存視力，光覚といったわずかながらでも利用可能な視覚情報が関係しているものと考えられる。

視覚障害者の空間認知と移動情報

表A-3より，視覚障害者が実際の移動時に利用する移動情報量は，聞き取りの際に基点とした視覚障害者施設A1からの距離の増加におおむね比例することがわかる。しかし，地点Eと地点Fを比較した場合，全ての対象者についてみても，基点となる視覚障害者施設A1からの距離が短い地点Eの方が，利用する移動情報が多い結果となっている。こうした情報量の違いは，移動経路の環境の複雑さに起因するものと考えられる。地点Eについては，物理的障壁の多い箇所を含む経路を移動しなければならない。これは，移動情報の獲得とそれに応じた行動といった，移動における手続きの多い状況が，情報量の多寡に影響すると考えられる。そのため，地点Bと地点Dを比べた場合，基点

となる A1 からの距離がほぼ同じにもかかわらず，経路となる歩道が狭く，交通量も多い地点 D までの間に対象者が利用するとした空間的な手掛りは，移動距離が長くなる地点 B よりも多い。これを，各地点における弱視者の移動情報量の少なさとあわせて考えるならば，利用可能な残存視力などの兼ね合いから，利用する移動情報量のコンパクト化が図られていることが推察される。

一方，全盲者については個別にみると，早期失明者は対象者中，最も多い情報量の利用を行うことがわかる（表 A-3）。そして，中途失明者については，早期失明者に比べ，少ない移動情報量で移動をまかなっている。では、両者の結果にこのような違いが見られる原因は何に起因するのか。

中途失明者は，過去に視覚経験を有しているという点では弱視者と同様である。しかし，表 A-1 に示した対象者の概要からもわかるように，歩行訓練期間および，現在の視力になってからの期間が弱視者に比べて長く，歩行経験の蓄積や障害の受容といった視覚障害者としての経験において異なる。また，聞き取りにおいて，弱視であった時期を経て中途失明した対象者の中からは，弱視であった期間には，わずかに利用可能な光覚や残存視力によって情報を得ることができたものの，視覚情報に基づいて行動を試みてしまう。そのことが逆に，移動中の危険に繋がると指摘する回答が得られた。これは，残存視力の残る弱視者の場合，視覚からの情報獲得を試みることに集中するあまり，かえって移動中の危険に対する状況判断が曖昧になるという，弱視者の歩行訓練に対する芝田（1996）の見解と一致する。すなわち，視覚情報の利用が可能な弱視者は，移動時における状況判断に心的な負担を抱えている。こうした心的負担が行動する個人の内面にあることによって，移動時に利用する情報量の違いに影響を与えたと受け止めることができよう。

視覚障害者は，自らが移動する際に利用している手掛り，すなわち音（聴覚）や匂い（嗅覚）などをはじめ，白杖利用といった触覚によって移動に必要な情報を獲得する。しかし，いずれの移動情報の利用も自己中心的な定位を行うような空間理解のみでは，移動する経路の環境が複雑になればなるほど，移動時の情報判断や現在地の定位に支障をきたすこととなる。

これまで地理学における認知地図研究は，地図学的地図との幾何学的なずれに対して，その歪みの持つ意味を，実際の移動や個人のもつ空間的知識から解釈を試みてきた。しかし，たとえ認知地図に歪みがあろうと，日常生活において個人は目的とする場所への到達が可能であり（岡本，1998），ずれや歪みの

生じた認知地図を提示したからといって，そのことが必ずしも個人の空間的能力の優劣を示すものではない。むしろ，対象とした視覚障害者の認知地図に示された歪みは，障害の度合いに応じた空間理解の一形態と考えられる。

　視覚障害者は，一般にランドマークと呼ばれる，視覚的に目印となる情報を得ることが難しい。そのため，視覚障害者は多くの場合において，直接知覚可能な空間的情報によって自らの行動をナヴィゲートすることになる。これは，視覚利用によって一度に多くの情報を取り込む晴眼者とは異なり，移動情報を判断する上での効率性に制約を受けることを意味する。換言すれば，視覚障害者の行動を促している空間情報についてもっと多くの関心を持つことが，バリアフリーな環境創出を考える上で有用な視点をもたらすと期待できる。

　本研究の詳しい内容は，本間（2000）および本間（2002）を参照されたい。

注

1) 京都市北区にある視覚障害者専用訓練施設。1961年に故鳥居篤治郎により創設された。当初は点字図書館・点字出版・盲人ホームとして利用されていたが，1969年より，生活訓練事業の一環として歩行訓練を開始した。
2) 訓練生については，主として訓練以外の時間に単独歩行を許可されている人を対象としている。

文献

岡本耕平 (1998)：行動地理学の歴史と未来．人文地理 50, 23-42.
佐々木正人 (2000)：『知覚はおわらない－アフォーダンスへの招待』青土社，285p.
芝田裕一 (1996)：弱視者の訓練．芝田裕一編『視覚障害者の社会適応訓練』社会福祉法人日本ライトハウス視覚障害リハビリテーションセンター養成部，294p.
ホール，E. 著，日高敏隆・佐藤信行訳 (1970)：『かくれた次元』みすず書房，270p.
本間昭信 (2000)：日常的な生活空間における視覚障害者の空間認知．地理学評論 73, 802-816.
本間昭信 (2002)：視覚障害者の移動環境評価とモビリティ規定要因．地理学評論 75, 887-900.

第5章 外国人の認知的ハンディキャップと都市空間内での移動上の困難

村越 真

1. 文化の違いと認知的ハンディキャップ

　駅前のいつもの駐車場は満杯だった。他にもいくつかの駐車場があったように記憶しているが、いざ探すとなるとなかなか見つからない。新幹線の発車時刻が迫っている。この電車に乗れないと次は一時間後だ。一列車遅れたら約束には完全に遅刻だ。通りの雰囲気からするとこっちにはなさそうだ・・・。新幹線にはなんとか間に合った。目的のビルにいく前に必要な文房具を買わなくては。いつもならすぐ目に付くコンビニがない。こんなビル街にはないのだろうか。探しているうちに約束の時間になってしまった。せっかく，新幹線には乗れたのに，間に合わないとは・・・。

　町中で目的の場所を探すのは、予想外に骨が折れるものだ。見知らぬ町や建物では特にそうだ。場所を知らなければ探しようがない。物理的には利便性も快適性も高まった現代都市だが、空間移動のための情報提示という点に関しては、一部の場所を除くと快適性が高いとは言えない。800ベッドの病院において、少なく見積もっても8,000時間が年間、患者に行き先を示すために費やされているとされる（Arthur and Passini, 1992）。また、カーナヴィゲーションの普及によって遠回りや道迷いが減ると、国内の自動車による燃料消費の1.4%が節約できるという試算もある（朝日新聞1998年6月1日刊）。私たちが気づいている以上に多くの社会的損失が、移動上の困難や道迷いによって発生している。

　道迷いの問題を回避する一番の方法は、その場所の情報を手に入れることだ。だがそれができない場合、私たちは一種の「常識」を働かせている。外国を旅行すると、道に迷いやすいとホール（1970）は指摘している。これはもちろん、外国ではその土地に関する知識が不足しているからである。この問題は認知地図形成として、Lynch（1960）以来研究されてきた。しかし、移動上の困難は認知地図形成だけに規定される訳ではない。建築に代表される人工的な空間は、

偶然によって構成されているのではなく，そのデザインは文化的に規定されている。外国にいくと，空間全体が自国の文化とは異なるやり方で組織されている。文化的に学習した空間の構成と実際の空間のずれが，道迷いなどの困難を生み出すのであろう。

　認知心理学的な視点からみれば，この問題はスキーマの形成やその不足として説明できる。認知心理学では，このような経験によって獲得された一般的な知識をスキーマと呼び，人間の賢い振る舞いの背景には意識できる以上のスキーマが使われていることが明らかになっている。スキーマは，言語理解や常識ある行動の背後にあると推測されているが，環境心理学の分野でも，空間移動の成否が認知地図のみでなくスキーマにも依存している可能性が指摘されている（Lawton, 1996 ; Murakoshi and Kawai, 2000）。ある文化によって規定された環境内で長い間暮らしていると，環境を規定する構造や空間配置に関する規則性を人は学習し，これを一般的な規則として獲得する可能性がある。こうして獲得された規則を使って推論を行うことで，環境内での効率的な行動が可能になるのであろう。

　日常空間でも，移動にスキーマが利用されている。尾崎（2001）は，「初めての町の駅に降り立って，指定された施設を三つ巡り，また駅に帰ってくる」という課題を学生に与えたところ，「大きな公共施設だから，山の上の方にはない」と考えたり，「こちらだと言われたが，狭い道だからとても（その施設が）ありそうに思えなかった」といった判断を下しながら，目的の施設を探していることを明らかにしている。私たち日本人にとっては手がかりとなる住居表示やその案内板も，住居表示や住所の作りについての一般的な知識を持たない外国人にとってはうまく利用できない可能性がある（髙井，2001）。かつてクリントン大統領が来日した時に，日本で事業を営むアメリカ資本の経営者との会合で，「日本では住所がとびとびなので，ピザの宅配がやりにくい。これは非関税障壁だ」という不満が語られたという。外国人のみならず日本人にとっても，日本で住所を頼りに場所を探すことは難しい。それでも，長年暮らしている日本人にとってはそれが当たり前になってしまい，あまり困難として感じられなかったり，あるいはそれに対処する方法を身につけているかもしれない。これなども，文化の違いによって発生するハンディキャップの一つと言えるだろう。また冒頭の駐車場やコンビニの例のように，ある特定の場所にいきたい訳ではなく，ある必要品を手に入れたい・用事を済ませたいという場合も，こ

うした町の作りに関する常識を利用して，目的地を探そうとすることがあるのではないだろうか。

　大きな公共施設や病院では，移動を含む一連の手続きを決められたとおりに実行しなければならない。小さな医療機関であれば玄関から入ったところに受付があるから，とにかくそこで聞けばよい。ところが大きな総合病院では，まずどこにいけばいいのか，その後どうしたら診察をしてもらえるのか，診察が終わった後どんな手続きをすればよいのかなど，解決すべき問題は多い。また診察前にも検尿や血液検査を別の場所で行うよう指示されることもある。心理的にも身体的にもハンディを背負っている患者にとって，総合病院ほど不親切な場所はない。そこで感じる不案内感は，多くの人に不安をもたらすものであろう。実際多くの外来患者が典型的に期待する診療の手続きと実際の手続きには乖離があり，患者はこの後どんな手続きがあるかや，そのための場所に関する質問を高い頻度ですることが報告されている（Nagasawa, 1997）。

　小さな都市設備を探す場合にも，スキーマは重要な役割を果たしていると思われる。外国では，郵便ポストや電話がなかなか見つからなかったり，駅のコンコースでどこにいったらいいかまごついたりといった移動上の困難は，多くの人が遭遇しているだろう。また，自動販売機による切符の購入では，コインを先に入れるのか行き先ボタンを先に押すのかという基本的な手順についての知識がなければ，個々のボタン操作は分かっても，スムースに切符を買うことは難しい。日本では無意識のうちに前提としている手続きが外国では使えないからである。

　こうした移動上の困難は，それを被る人々の特性と環境との相互作用によって発生するという意味で，身体あるいは知的ハンディキャップ同様，移動上のハンディキャップと言える。移動とは物理的なものであり，物理的・身体的なハンディキャップが影響する程度は大きい。しかし，目的地に間違いなく到着するためには様々な情報を処理する必要がある。その情報処理が，異なる文化圏ではうまくいかない。そこに言葉の問題が拍車をかける。特に欧米系外国人の場合，漢字の習得が難しく，日本人には十分な情報も利用することができない。移動に関するこうした認知的ハンディキャップ，それが本稿のテーマである。

　移動の問題は致命的ではないが日常的なものである。また人間関係のように顕在化しないが，誰でも経験する可能性があり，またその頻度も多い。またそ

の多くは公共空間で行われるため，衣食住とは違い個人の制御を越えており，多くの人々に共通に発生する。従って，日常生活の質と満足を考える上では欠かせない領域である。今日，日本社会の国際化が叫ばれているが，日常生活で外国人が遭遇する移動上の困難も国際化のために解決しなくてはならない障害の一つではないだろうか。以上のような視点から，移動に関する外国人の認知的ハンディキャップを取り上げることとした。

2．インタビュー調査から見る，目的地移動上の困難

　本調査の資料を得るために，日本で生活する外国人8人に個別またはグループで，日本で移動する際に感じる困難，道迷いの経験，その対応策などをインタビューした。8人のうち2人はアジア系留学生であり，6人は英語を母国語としていた。英米系外国人のうち2名は大学の留学生であり，それ以外は大学あるいは専門学校等で英語教師をしていた。

　インタビューは，「日本で道に迷ったことがあるか」，「都市設備・施設など探しているものがすぐにわからなくて困ったことがあるか」，「駅や地下道で迷ったりまごついたりしたことはあるか」，「町を歩くとき迷わないような工夫をしているか」，「その他に町を歩いていて困ったことがあったか」，を質問することによって行われたが，回答によって更に詳細な質問をした。

　その結果，「通りに名前・番地がない。あっても役に立たない」とか，言語の問題も多く指摘された。特に英米系の外国人の場合，来日数年以内では漢字をほとんど読めない場合が多く，それが移動上でも大きな困難になっていた。日本では全般的に英語表記が少ないと見なされており，漢字が読めないと，自分の居場所さえ特定することができず，たとえ電話で頼りになる友人に連絡をとっても，居場所を伝えることができないと言う。また多くの場合道を尋ねても適当な英語での回答がもらえないことも大きな障害となっていた。以上のような原因から，インタビューを行ったうちの数人は深刻な道迷いに遭遇したことがあると報告していた。

　一般に日本人は親切だと評価されているが，道案内自体は正確だとは見なされていなかった。言語を共有しているものどうしの間でも，道案内は易しい課題ではない。多くの道案内はほぼ正確なものだ（Hill, 1987）とする研究がある一方，3／4にのぼる道案内がスタートや終点を欠いた不正確なものだとの

指摘もある（Tversky, 2000）。また，道案内には受け手の側にも高い認知的スキルが要求される。我々が外国旅行で経験するように，外国語による道案内やそれを受けることは，基本的に多くの困難を含んだ作業と言える。しかし，英米系の外国人とアジア系の外国人では評価は異なり，概して英米系の方が道案内に対する評価は厳しい。彼らが感じる道案内に対する評価は，道案内課題に内在される以上の問題を含んでいる。またバスやタクシーなど公共交通機関の職員に対しては，比較的評価が低く，「親切ではない」「道を知らない」などの回答が得られた。英米系の外国人から多い指摘は，「親切ではあるが間違った道を教えられる」というものである。ある女性外国人は「吉原中央から吉原に向けて岳南鉄道に乗ろうとしたが，逆の方向に乗ってしまった。終点で降りたが，もう終電だった。日本人に電車の駅はどこか尋ねたが，歩いて1時間といわれた。結局知らない男の車に乗って，降ろしてもらい原駅に着いたが，考えてみれば危険なことだった。電車に乗る前に女の子にこの方向でいいのかと聞いたが，いいと答えられてしまった。」という体験を語っている。また「静岡の銀行にいったとき，10分でいけるところを2時間もかかった。最初に教えてもらったのはこっちだったのに，静岡できいたら別の方に連れていかれた。人に聞こうとしたが，近づいた人に恐がられた。教えてくれる人ごとに違うことを言われた。最後に英語をしゃべれる人が地図を描いてくれた。だが，実際には（その人は）よく知らなくて，信号の数も違っていた。あっちにいったりこっちにいったりした。もう半ブロック進んで，角を曲がれば銀行というところまできて，行き過ぎたと思って人にきいたら，戻れといわれた。」というように，善意で何か教えようとするが，それがかえって目的地に着くのを阻害しているケースもあった。ただし，迷った時に様々なサポートを安心して受けることができる点は評価されている。ある外国人は，「かつて札幌で友人の歓送会があったとき，酔った男が英語で話しかけてきて，一緒にタクシーに乗せてくれた。そんなことはカナダでは考えられない。」と語ったが，これに類するケースは他にも聞かれた。

　距離感覚や空間把握の違いが，外国人にとって日本人の道案内が不正確で役に立たないと思わせている原因の一つかもしれない。「歩いても20分程度でいける場所でもバスでいくように指示される」，「行徳からは直接成田空港に行った方が近いのに，成田は上野からという宣伝が行き届いているせいか，上野からいく方法を勧められた」など，必ずしも自分が後で最適だと思うような答え

を道案内時に得られないという意見が比較的多くみられた。空間や空間情報に対する姿勢の違いも，道案内の際にはフラストレーションとして感じられている。日本人は概して積極的かつ自立的に情報を求めず，合理的な行動を選択していないと，彼らの多くが感じているようであった。

困難の原因の多くは言語的な問題や生活習慣の違いから派生する問題としてとらえられていた。「地上階がなく，地上の階から1階・2階と数える点」やマーケットの棚の配置のように，経験的な知識の欠如が問題の発生源になっている例も見られた。たとえば「自国ではどこの棚にあるかという想像ができるが，日本では違う。ペットフードの隣にあったり・・・。学校のそばに警察署があったり，電話ボックスのそばにポストがあったり。」「(スーパーでは) いつも迷う。いつも同じスーパーにいく。なぜなら，ものの置き場所が違うと全く分からなくなるから。(イギリスでは) どこでも同じだ。店員ですら，自分が欲しいものがどこにあるか知らないことがある。またしょっちゅう配置がえをしているので，わからなくなる」といった問題も指摘された。大きなマーケットでうまく買い物ができないことは，私たち日本人が外国でもしばしば経験することであり，環境と知識の相互作用の問題と言える。

ただし，これらはいずれも重大な問題とは意識されていなかった。多くの外国人は短期の滞在であり，「日本滞在は自分たちにとって休暇のようなものだから，迷ってもそれほどフラストレーションがある訳ではない」という感想も聞かれた。

3．都市設備の探索に関するケーススタディー

都市の中では，目的の場所ではなくて，目的の行動を果たせる任意の場所を探索するケースが少なくない。街で公衆電話や郵便ポストを探したり，駅でトイレやコインロッカーを探す場合もその一例であるし，郊外を車で走っていてコンビニエンスストアやファミリーレストランを探すのもその一例である。こうした空間的探索は，特に異文化の中で困難なように思われる。特定の場所ではなく，特定の機能を果たしてくれる場所を探索する背景にはどのような心理的プロセスや知識が利用され，何が困難をもたらすのだろうか。このケーススタディーの目的はそれに関する手がかりを得ることである。

被験者は滞在経験が1年未満の英語を母国語とする外国人で，経験したこと

のない住宅地に連れていかれ，そこで，公衆電話ないしは，郵便ポストを探すことが課題として与えられた。探索中は思ったことを口に出して言うように求められた，その発話がテープレコーダによって記録された。研究者は被験者に同行したが，特に介入はなかった。発話は，後に筆記された。表5-1は，そのプロトコルの一部である。

　被験者数も2と少なく，明確な結論を出すことはできないが，彼らが，探索の過程でこうした設備のある場所についての多くの一般的知識を利用していることが分かる。「公衆電話を探すには店かなにかを見つけるのがいい。」「そこにドライクリーニングかDPEショップがあるわ。そこにあるんじゃないかしら。」などはその例と言える。これらの多くは，日本人にもほぼ共通しているものであるが，中には「エドモントンじゃあ，郵便ポストは角にあるんだよ。でもこれは裏道みたいだ。」のように，彼らの育った文化特有の空間構造に関する言及も見られた。知識による期待と現実のずれはしばしば見られる。「ほんとおかしいわ。レストランとかゴルフ練習場はあるのに電話がないなんて。」「セブン・イレブンにはあるわ。多分。ない？ほんと？」などは，こうした期待と現実のずれを意識した発言と言える。これが重大な問題を引き起こしている訳ではなく，不安感やいらだちなどは生起していないが，日常の探索活動においては心理的な不快感につながる可能性があろう。

4．質問紙による，移動上の困難の把握

4-1. 概要

　上記の予備調査を踏まえ，外国人が日本において移動上どのような困難を感じているかを調査した。対象者は静岡県の公立中学・高校に英語補助教員として来日している外国人60人である。また対照群として，彼らともっとも似た境遇で生活を送っていると思われる静岡県の小中学校日本人教員のうち，採用3年以内で採用によってそれまで居住している市町村から現住所に移転したものを対象とした（156人）。日本人教員・外国人教員いずれについても，一部については郵送で配布および回収，一部については県教育委員会による研修会において配布回収を行った。調査は1999年秋に行われた。

　フェースシートとして，年齢，現在の居住地における居住年数の他，移動における困難に影響すると思われる方向感覚，携帯電話の有無，日常の運転頻度

表 5-1　都市設備の探索過程

被験者 J 1：探索対象：公衆電話
　　多分、こっちだと思う。（どうして）こっちはとっても住宅地みたいなところで、沢山家もある。でももしここからこっちの方にいけば、もっと何かが見えるかもしれない。この建物で、店やなんかが見えないから。公衆電話を探すには店かなにかを見つけるのがいい。このメイン通りにありそう。
　　じゃあ、こっちへ。だってこの通りはメインの通りに見えるし、こっちに店がある。そこに大きなアパートがあるから、そこにあるかも。
　　本当に家が多いのね。
　　そこらへんに電話あるかしら？間違った道かしら。OK。この建物はデパートのように見えるは。ふーむ。
　　多分、この階段を上がりましょう。そこにドライクリーニングかDPEショップがあるわ。そこにあるんじゃないかしら。
　　OK。多分ないかしら。あがってみましょう。これはメインの通りのようね。でも、ちょっと広そうだけど、ないわね。じゃあ、こっち。OK？
　　あっちのほうに沢山家があるわ。だからこっちにいってみましょう。たいてい大きなアパートの側には店かなんかがあるけど、わからない。
　　でも、ないわ。このへんは、多くのアパートがあるわね。家だけだわ。
　　こっちにもう少しいってみましょう。だってもどったら家があるでしょう。でもこっちにはゴルフ練習場がある。多分そこになにかあるでしょ。
　　こっちにいくともっと家がある。でも、多分そっちになにかあるかも。そう思う。
　　自動販売機とか、でも自動販売機しか見えないわ。
　　あっちの方に何かあるみたい。もっとにぎやかそうに見えるし。ほんとおかしいわ。レストランとかゴルフ練習場はあるのに電話がないなんて。
　　OK。確かにメインの道だが。でも、あれは立体交差？あっちのほうにはあがりたくないわ。多分、下りましょう。店があるし、多分電話もあるわ。
OK。あるはず。ええと、
　　あ、自動販売機がある。でも電話があるようには思えない。見てみましょう。行ってチェック。でも、電話はないみたい。ないない。OK。
　　この道はどう？メインの道をゆくべきだわ。あ、あった。
　　セブン・イレブンにはあるわ。多分。ない？ほんと？ええ、ええ、OKよ。
　　じゃあ、まっすぐ。もっとメインの通りらしくなるわ。家があったところの方に戻りましょうか。でもこっちの道の方が沢山家がある。
　　多分、あそこに自動販売機がある。店みたい。あ、電話がある？
ない？ないの。ない、ないの？電話が。
　　これは本当にメインの通りだから電話があると思う。
OK、電話。もう一つあった。

被験者 J 2：探索対象：郵便ポスト
　　じゃあ、こっちにいく
　　多分、ずっと丘をあがっていけば、帰ってくる時に下りになる。その方が簡単。
　　間違い？右にあるのは球技場。戻ろうか。郵便ポストが見つけられる？多分間違った道のような。だって球技場があって、とっても密集した住宅地。？？？
　　これは主要道路との交差点なので、右に曲がる。でもこれは普通の道じゃないか？OK。
　　うん、特に理由はない。コインを投げたようなもの。
　　よし。住宅が沢山あるぞ。あれは学校？いやいやテニスコートだ。こっちにいかなくちゃ。
　　あれ、「失敗」ね。住宅地に入ってしまった。
　　どんどんあがる。だって、帰りは丘を下りたいから。郵便ポストはこの道沿いにある。
　　よし、まてよ。どっちにいこう。こっちだ。
　　なぜか分からないけど、行きたかった。感覚。今度は右、左じゃなくて。理由は説明できない。本能的なもの。でも左じゃなくて右。
　　問題は、一つとして郵便ポストを発見できないことだ。本能が狂ってる？考え方としては、カナダでは、郵便ポストはよく使われる道にある。？？。カナダと日本じゃだいぶ違う。あっちにいっても何もないや。
　　うん、右左の選択の一つの理由はルートを循環的にしたいからだな。
　　あっちに木がある。とってもたくさん。多分、ここにそっていくと、ありそう、だってあっちにはあまり郵便ポストがありそうな場所がないから。
　　エドモントンじゃあ、郵便ポストは角にあるんだよ。でもこれは裏道みたいみたいだ。

等を質問した。また調査項目に関しては，予備調査の結果を参考に，①日常生活における困難（10項目），②移動上の困難（19項目），③母国での移動に関する困難（18項目），④対処方略（8項目）についての質問紙を作成した。質問紙は日本人用，外国人用が作成されたが，英語使用に関する項目を除くと同一の質問項目から構成されている。また外国人には母国での移動の困難に関して，英語使用に関する項目一つを除く同一項目で質問した。回答は，5：非常に感じる，4：わりと感じる，3：やや感じる，2：あまり感じない，1：全く感じない，の5件法であった。

4-2. 対象者の属性による比較

移動上の困難に影響を与えていると思われる方向感覚，携帯電話の利用，車の利用については日本人と外国人との間に差が見られた。方向感覚については外国人が平均3.35（標準偏差1.176）に対して日本人が2.83（1.02）であり，t検定の結果有意な差が見られた（t = 2.9894, $p < 0.01$）。一般に方向感覚の自己評価は必ずしも正確ではなく，多分に自己概念を反映していると考えられている（新垣・野島, 1998）。また外向性などの性格と関連があることも知られている（Bryant, 1982）。外国人の方向感覚の高さは，部分的には日本での英語教育プログラムに参加した対象者の特性を反映したものかもしれない。そもそも他国で英語を教えるプログラムに参加する対象者は，未知の環境でも比較的適応的に生活することができ，またそれに対する高い自己概念も持っていると思われる。それが，方向感覚の高い自己評価につながっているのだろう。英語補助教員が日本人教員よりも高い方向感覚を持っているとしても，それを外国人と日本人の比較として一般化することはできない。

携帯電話と車に関しては日本人の方が利用率が高い。ただし，電話と車の利用に関しては，利用率の上位と下位の間には移動上の困難の差はほとんど見られなかったので，以下では検討の対象としなかった。携帯電話で目的地への移動方法を尋ねることが一般化しつつあるとはいえ，依然移動上の困難は発生しているようである。

方向感覚の上位群と下位群の間には，移動の困難に関するおよそ半数の項目の間で有意な差が見られ，方向感覚が下位の者はより多くの困難を感じていた。有意差が見られた項目の多くは「住所だけでは分かりにくい」や「街の構成が分かりにくい」など都市環境の分かりにくさに関する項目で，いずれも方向感

覚の評価が低い群が分かりにくさをより感じていた。方向感覚の低いものは，煩瑣な都市空間の中で適切な目印を見つけることが難しく，それが分かりにくさの評価に影響しているのであろう。

4-3. 日常生活の困難との比較

日常生活の困難（表5-2）のうち，日本人と比べて外国人教員がより困難を感じていたのは，「物価が高い」「公共サービスが分かりにくい」の2項目であった。「病院が利用しにくい」がそれに次いでいたが，日本人にも比較的困難と評価されていたので，両者の差は有意ではなかった。これらはいずれも平均が3（やや感じる）以上であった。これに対して，移動上の困難では6項目が平均3.0を越えていた（表5-3）。このことからも，移動上の困難が外国人にとって重大な意味を持っていることが分かる。冒頭でも触れたように，病院，特に近年の総合化され様々な検査機器の導入された病院は，日本人にとっても分かりにくい場所である。総合病院は物理的に複雑なだけでなく，システムの背景には一種のスクリプトがあり（Nagasawa, 1997），それは文化的に異なっていることが推測される。また公共サービスについても，その手続きは多分に文化に影響されたスクリプトである。こうした一般的な知識の欠如が利用時の困難性を高めているのかもしれない。

「物価が高い」を除くと，日常の困難に対する評価はだいたい平均が3点ないしはそれ以下である。これに比較すると，移動の困難が日常のその他の事項と同程度あるいはそれ以上に困難な問題として受け取られている。両方にまた

表5-2 日常生活で遭遇する困難

	外国人		日本人				
	mean	SD	mean	SD	t	p	df
物価が高い	4.42	0.81	3.40	1.13	7.334	***	148.8
住宅環境が悪い	2.54	0.84	2.73	1.17		ns	
犯罪が多くて不安	1.53	0.60	1.97	0.92	-4.040	***	155.6
食品になじめない	1.70	0.85	1.68	0.95		ns	
気候になじめない	2.02	0.97	1.78	0.93		ns	
人間関係が難しい	2.55	0.91	2.48	1.11		ns	
バスが時間通りでない	1.70	0.91	2.43	1.24	-4.342	***	146.2
電車が時間通りでない	1.32	0.50	1.49	0.70		ns	
公共サービス（市役所での手続き等）がわかりにくい	3.09	1.08	2.47	1.08	3.671	***	205
病院が利用しにくい	3.07	1.17	2.86	1.24		ns	
英語を使える人が少ない	3.12	1.08	−	−			

差の検定はt検定による。***；$p < 0.001$，**；$p < 0.01$，*；$p < 0.05$，ns；有意差なし。

第5章 外国人の認知的ハンディキャップと都市空間内での移動上の困難　109

表5-3 移動上の困難（日本人、日本における外国人、自国における外国人）

	外国人(日本)		日本人		外国人(自国)		日本人-外国人(日本)		日本人-外国人(自国)	
	mean	SD	mean	SD	mean	SD	t	有意水準	t	有意水準
道に迷う不安を感じる	2.57	1.14	2.13	1.00	2.05	1.18	2.754	**	-0.512	ns
バス停がわかりにくい	2.25	0.89	2.26	0.95	2.23	1.17	-0.027	ns	-0.175	ns
利用できる地図が手に入らなくて困る	2.93	1.07	2.10	1.03	1.67	0.95	5.124	***	-2.802	**
道路標識がわかりにくい	2.93	1.03	2.35	1.06	1.50	0.76	3.476	***	-6.505	***
住所で初めての場所を探すのが難しい	4.40	1.02	3.50	1.23	1.81	0.96	4.974	***	-10.629	***
通りや建物が似ていてわかりにくい	3.43	1.11	2.53	1.10	1.88	0.91	5.378	***	-4.038	***
町の構成がわかりにくい	3.38	1.18	3.01	1.15	1.90	0.98	2.116	*	-6.624	***
繁華街で目的の店を探すのが難しい	2.02	0.69	1.79	0.72	1.86	0.90	2.029	*	0.573	ns
一方通行が多くて、車の運転が大変だ	2.41	0.84	2.42	1.00	1.95	0.95	-0.019	ns	-3.090	**
スーパーマーケットで目的の商品を探すのが難しい	3.19	1.02	2.42	1.16	2.23	1.07	3.184	**	-1.117	ns
道路のパターンがわかりにくい	2.80	0.88	2.15	1.06	1.47	0.80	4.264	***	-5.028	***
公衆電話がすぐにみつからない	3.33	0.94	2.34	1.12	1.92	0.90	5.717	***	-2.576	*
郵便ポストがすぐにみつからない	1.84	0.85	2.23	1.07	2.07	1.11	-2.437	*	-0.962	ns
大きな駅が複雑でわかりにくい	2.22	1.00	2.63	1.12	2.07	0.98	-2.491	*	-3.424	***
間違ったことを教えられる	2.93	1.12	1.91	0.99	2.23	1.08	6.547	***	1.837	ns
教える人の道案内が下手だ	2.46	0.93	1.75	0.77	2.24	0.67	5.624	***	4.181	***
不親切だ	2.59	0.94	1.87	0.79	2.46	0.66	5.513	***	4.960	***
英語を使える人が少ない	1.62	0.83	1.72	0.71	2.10	0.89	-0.835	ns	2.957	**
	3.41	1.20								

差の検定はt検定による。***；p＜0.001、**；p＜0.01、*；p＜0.05、ns；有意差なし。

がるほぼ同一の質問項目である「英語を使える人が少ない」では，日常場面での困難度は3.12であるのに対して道案内場面では3.41と評価されており，その差は有意な傾向（t = 1.81, p < 0.1）にあった。人から道案内を受ける場面は，道に迷ってやむを得ずという困窮度が高い状況である。これが，道案内時に英語が通じないことをより困難だと感じさせていると思われる。

　感じられた困難が現実の困難を正確に反映しているのかについては，十分な吟味が必要であろう。期待する水準によって困難の評定が異なる可能性は少なくない。日常生活の上位の困難さである物価，住宅環境，人間関係，英語の通じにくさは，文化的な違いに伴った比較的意識されやすいものである。特に公立学校の英語補助教員であれば，来日に際して日本の社会システムに関する基本的な知識は得ていると思われる。それに対して，移動上の困難に関する注目度は実際に経験するまで高くはないのかもしれない。困難に対する事前の知識の違いが困難さの評価に影響を与えている可能性がある。また，移動上の困難の多くが公共空間に関する問題であり，個人の努力や工夫で解決できるものではない点も，これらの問題がより困難であると評価されている理由なのかもしれない。

4-4. 移動上の困難

　日本人が感じる困難と外国人が日本で感じる困難を比較したところ，2項目を除いて日本人と外国人で差が見られた。公衆電話と郵便ポストを除く全ての項目で，外国人の困難度が高かった。特に困難の程度が高かったのは，「住所だけで初めての場所を探すのは難しい」「通りや建物が似ていて分かりにくい」「町の構成が分かりにくい」「道路のパタンが分かりにくい」であった（表5-3）。なお，4-1で指摘したように外国人と日本人では方向感覚の自己評価に違いが見られたこと，方向感覚の違いによって移動の困難に対する評価が異なることから，方向感覚の要因を組み合わせた2要因の分散分析も行ったが，結果には大きな違いがなかったので，ここではt検定による日本人－外国人の比較だけを示した。外国人が日本人よりも強く町や道路の構造が分かりにくいと感じていることが分かる。比較的小さな住区やスプロールした市街地など，日本の街には物理的にも分かりにくい要因がある。こうした構造に関する知識の違いや要求水準の違いが，同一の物理環境をより分かりにくく感じさせていると推測される。

外国人に対しては母国での移動の困難を質問したので，それを彼らが日本で感じる困難と比較した。その結果，母国での困難と差がなかった項目は6項目で，それ以外は道案内に関して親切であるという項目を除けば11項目において日本の方が困難であると考えられていた。とりわけ，「利用できる地図が手に入らない」「道路標識が分かりにくい」「住所だけで初めての場所を探すのが難しい」「通りや建物が似ていて分かりにくい」「町の構成が分かりにくい」などに顕著な差があった。空間構造の違いと言葉の不自由さが困難の大きな原因であると推測される。

　外国人は日本国内での移動中において，日本人と比べても，本国にいる時と比べても多岐にわたる困難に遭遇している。外国人がより困難を感じているのは，都市や街路の構造に関する項目である。これは部分的には，都市環境や構造自体に問題があることを反映しているが，同じ日本の環境を評価した日本人よりも有意に困難を感じている項目がかなりの数みられたことは，文化・社会的に異なった環境で生活することによる利用可能な知識や情報の不足のような認知的要因，あるいはそれに派生する不安のような心理学的な要因にも起因していると思われる。

　「建物が似ていて分かりにくい」という点に関しても，私たち日本人はそれほど感じている訳ではない。逆に私たちが外国にいくと，似たような建物ばかりに見えるであろう。日本の建築環境で育った人は，外国人にとって同じように見える建築にも個性が感じられるかもしれないし，その逆も成立するだろう。日本人にとっても日本の都市構造は必ずしも分かりやすいものではないが，とりわけ文化的に異なった環境で育ったことで，外国人にはより大きな困難として感じられているのだろう。前項での比較からも，日本の都市環境自体が分かりにくく移動の問題を感じさせる環境であることは確かであるが，外国人はそこで日本人が感じる以上の困難を感じているのである。

　言語的な情報の問題も重要である。道案内における英語が利用できる人の少なさに対する評価は，日常の困難よりも有意に大きい。また利用できる地図や道路標識の問題も部分的には言語の問題である。インタビューでも指摘されたように，多くの英米系外国人にとって漢字学習は困難なものであり，それが移動においても障害になっている。移動に必要な情報の入手という点でも，外国人は移動に関してハンディキャップを負っていると言える。

表 5-4 移動上の困難に対する対処行動

	外国人 mean	外国人 SD	日本人 mean	日本人 SD	t	p	df
何もしていない	2.47	1.22	2.22	1.24	1.304	ns	212
途中で人に聞く	3.55	0.87	3.25	1.01	2.011	*	216
知識のある人に聞いてから出かける	3.98	0.81	3.28	1.09	5.122	***	142.8
地図を用意して出かける	3.25	1.13	3.72	1.19	-2.652	**	216
途中の書店やコンビニで地図を見る	2.40	1.29	2.82	1.28	-2.139	*	216
案内標識を見る	3.03	1.02	3.90	1.03	-5.551	***	216
人に連れていってもらう	1.85	0.82	2.65	1.08	-5.830	***	140
出かける回数を減らす	1.16	0.45	1.57	0.87	-4.577	***	190.3

差の検定はt検定による。***；$p < 0.001$，**；$p < 0.01$，*；$p < 0.05$，ns；有意差なし。

4-5. 移動上の困難への対処

　困難があっても，日常生活を送っている限り，人は目的地に向けて移動しなければならない。そんな時，日本人や外国人はそれぞれどう対処しているのであろうか。移動上の困難に対する対処行動の結果を表 5-4 に示した。日本人では，「地図を用意してでかける」「案内標識を見る」が比較的高く，いずれも 4 に近い評定値であった。また外国人でもっとも高い頻度で行われている対処行動は「知識ある人に聞いてからでかける」であった。日本人と比較すると，「途中で人に聞く」「知識のある人に聞いてから出かける」は外国人が有意に多く選択していたが，それ以外は「何もしない」を除くと全て日本人がより多く選択していた。人に聞く，とりわけ「知識のある人に聞いてから出かける」は，彼らが移動中に状況に応じて移動情報を得ることが困難だと認識していることを示している。地図利用や案内標識の利用は外国人にとっても相対的によく利用される方略であるが，それでも日本人に比較すると利用は少ない。確かに，街角にある地図やコンビニで購入できる地図にしても，彼らのニーズを満たすものは少ない。また必ずしも適切な道案内を受けられるとは限らない。外国人は，物理的環境に不慣れで移動上の困難を感じているだけでなく，主として言葉の問題により対処行動のオプションが狭められた状況に置かれている。

4-6. 日本の環境の問題点

　日本における移動上の困難は，異なる文化圏にいるために発生するのだろうか，それとも日本の環境自体にも問題があるのだろうか。日本人の評定値を見ても，「住所で初めての場所を探すのが難しい」「町の構成が分かりにくい」な

どは，日本人でも評定値の平均が3を越えている。この点を明らかにするために，日本人の移動上の困難と外国人が母国で感じる移動上の困難を比較した。評価者が違い，環境に対する許容度が違うことも予想されるので，それが厳密に日本の環境の問題だけを反映しているとは言えないが，それぞれの母国に対する評価を比較することで，日本の都市環境自体の移動に関する問題点を示唆できると考えられる。

両者に差のあった項目は18項目中12項目で，そのうち日本人がより困難だと評価しているのは9項目にのぼる（表5-3：外国人（自国）－日本人の比較）。このことから，日本の都市環境自体が英米文化圏の都市環境に比べて，新参者に対して多くの移動上の困難を発生させる空間であると言えそうである。特に町の構成や建物の判別などの点，また住所システムの問題が移動上より困難であると評価されている。それに比較すると電話や駅，バス停など都市設備の面では，日本・外国間で評価に大きな違いはない。

これらの問題の発生原因として，空間が物理的に分かりにくい，移動を支援する情報提示の仕方に不備があるという二つが考えられる。たとえばスーパーマーケットの空間構成は日本と英米で大きな違いはないと思われる。また，道路標識のわかりにくさ，繁華街での目的の店を探す難しさなども，空間自体が大きく異なるとは思えないが，それでも日本の環境の方がより困難に遭遇すると評価されている。逆に，東京の地下鉄などは複雑だがサインが分かりやすいのでそれほど困難ではないといった感想も予備調査のインタビューでは見られた。移動上の困難の多くは，物理的な問題というよりは，移動を支援する情報提示の問題と言えるかもしれない。環境を物理的に改変することは難しくても，情報提示の仕方を変えることで，移動の困難のかなりの部分は改善できるであろう。

道案内の問題に関しては，外国人の自国の方がより困難が多いと評価されている。予備調査のインタビュー時には，日本人は道案内が下手で知らない時にもしばしば不正確な情報で道案内するので困るという指摘があった。質問紙による調査でも，日本人と外国人を比較すると外国人は日本人の道案内を下手で不正確と見なしている。しかしこの項目については外国人の自国での評価との間に差がないことから，日本人が道案内が下手なのではなく，外国人の道案内に対する評価が厳しいのだと思われる。その背後には，道案内のような対人的な援助に対する要求水準の違いがあるのかもしれない。

5．認知的ハンディキャップの背景にあるもの

　外国語補助教員は教育委員会や勤務校からの待遇も比較的よく，同僚からの援助も受けやすい環境にいると考えられ，その点では恵まれた条件下にある外国人である。そのような職種においてすら，移動時に感じる困難は日本人より大きかった。とりわけ彼らが方向感覚はよいと自己評価していること，また全般的に方向感覚のよい人はそうでない人より移動の困難を感じていないことを考え合わせると，外国人一般で見た時には，日本においてより大きな移動上のハンディキャップを背負っていると推測される。アジアや南米からの勤労者，あるいは留学生など，それほど恵まれた条件下にない外国人にとって，日本社会での移動は更に大きな困難と不安を伴うものだろう。

　原因の根底には異なる文化で育ったことによる環境の構成に関する一般的知識が大きなウェイトを占めていると思われる。慣れ親しんだ環境であれば，経験によって獲得した一般的な知識を利用して，新規な空間でも適応的に行動することが可能であるが，そうでない場合には，推測で情報の不足を補ったり，適切な移動のための情報を得ることができない。文化的に異なり，それによって環境の構造も違う国で長年育ってきた外国人が日本に来た場合，一般的な知識の欠如から冒頭に例示したような様々な困難に遭遇するものと思われる。

　言葉の問題によって移動上の困難に対処するオプションが少ない点も，外国人にとっては大きな問題である。外国語の記載された地図，ローマ字表記などは最近は増えてきたとはいえ，公共の場を除くとそれほど多くはない。特に漢字表記の案内は，漢字文化圏以外の外国人にとっては大きな障害のようであった。このため，外国人は移動上の困難を抱えていながら，それに十分な対処ができないという二重のハンディキャップを背負っている。

　日本の都市環境自体の問題も無視できない。日本人と外国人のそれぞれの母国に対する評価から，日本の都市環境が移動において困難の多い空間であることが示唆された。探す場所がうまく見つけられない，余計に時間がかかる等の移動上の困難は，個人的に不快で不便であるだけでなく，社会的な損失でもある。特に移動の困難の問題は，障害者や高齢者など社会的弱者にとっては増幅された障害となる。私自身，数年前に骨折によって2月間松葉杖の生活をし，このことを実感した。道を間違えたり，遠回りする負担が，彼らにとっては健常者以上に大きな負担となるのである。誰にでも分かりやすく移動の困難の少

ない都市環境は，今後の国際化において重要なだけでなく，日本人の移動弱者にとっても優しい環境である。生育した文化やそれまでの居住地に関係なく，誰にでも分かりやすい都市環境の整備や情報提供は，物理的なバリアフリーや交通弱者対策同様，町づくりの重要な課題であると言える。

文献

新垣紀子・野島久雄（1998）:「方向音痴」の社会的意味．日本認知科学会第15回大会発表論文集，319-321．

尾崎郁子（2001）:『Wayfindingにおけるストラテジー：方向音痴は改善されるか』愛知淑徳大学文学部コミュニケーション学科卒業論文（未刊行）．

髙井寿文（2001）:在日日系ブラジル人の空間的知識に関する一考察．岡本耕平編『ハンディキャップ集団による都市空間の認知とナヴィゲーションに関する研究』平成10・11年度科学研究費補助金基盤研究（C）（1）研究成果報告書，55-61．

ホール，E．，日高敏隆・佐藤信行訳（1966）:『かくれた次元』みすず書房，270+14p．

Auther, P. and Passini, R. (1992) : *Wayfinding: People, Signs, and Architecture*. McGraw-Hill, New York, NY.

Bryant, K. J. (1982) : Personality correlates of sense of direction and geographical orientation. *Journal of Personality and Social Psychology*, 43, 1318-1324.

Hill, M. R. (1987) : "Asking directins" and pedestrian wayfinding. *Man-Environment Systems*, 17, 113-120.

Lawton, C. A. (1996) : Strategies for indoor wayfinding: the role of orientation. *Journal of Environmental Psychology*, 16, 137-145.

Lynch, K. (1960) : *The image of the city*. Cambridge, Mass., MIT Press.

Murakoshi, S. and Kawai, M. (2000) : Knowledge and heuristics utilized in way-finding in an artifical environment. *Environment and Behavior*. 32, 756-774

Nagasawa, Y. (1997) : The hospital as a geographic environment: study on patients' consciousness and behavior. *MERA97 International Conference on Environment-Behavior Studies for the 21st Century*. Tokyo, 329-332.

Tversky, B. (2000) : Levels and structure of spatial knowledge. Kitchin, R. and Freundschuh, S. eds. *Cognitive Mapping: Past, Present and Future*. New York: Routledge, 24-43.

コラムB　外国人居住者の空間認知および空間行動の支援策とその課題

鈴木晃志郎

　1980年以降，安価な労働力として，日本に南米やアジアから大量の労働者が流入してきた。出入国統計（平成2年・平成12年版）によれば，1985年から1995年までの10年間に，外国人の出入国者数は4,632,880人から7,623,737人へと増加している。それに伴って日本でも，異なる社会・文化的背景を持つ外国人が，同じ都市の中で隣り合って住むという状況が生まれ，外国人居住者に関する諸問題の解決の社会的要請を高める契機となった。これらに関しては，既に隣接分野で多くの調査・研究事例があり，地理学でも幾つかの研究が行われている（千葉，2001；中村，1996）。また，近年は自治体レベルでも，海外渡航者・居住者への対応が協議され，本格的な外国人居住者の実態調査を行って，自治体の外国人政策に反映しようとする動きが見られるようになった。

　こうした既存の研究や調査は，ほとんどが彼らの生活実態の把握と，社会的・経済的な諸問題の考察に主眼が置かれ，日常生活をする上での不自由さや空間認知や空間行動と関わる問題については，まだ充分な研究や施策がなされていない。しかし，東京都生活文化局（1997, p.19）が実施したアンケート調査で「現在，ぜひ手に入れたい情報」は何かを自由記述させたところ，131件の回答のうち，12件が「わかりやすい交通案内・地図」と回答している。これは「仕事・就職の情報」（57件），「就学・学習情報」（19件），「在留資格に関する情報」（13件）に次いで第4位である。出歩こうにも場所が分からない，どのように目的地まで行けば良いのか分からないなど，空間認知や空間行動に関わる不自由さについての要望は，就業・就学・在留資格に比べれば，割合的には低いものの，思いのほか強いことが伺える。

　そこでこのコラムでは，東京都を例に，これまではあまり重視されてこなかった外国人の空間行動上の制約について，都の政策を踏まえつつ検討し，空間認知研究の成果が，どのように実践面で生かしうるのかについて考察してみる。

　東京都は，1996年の段階で175カ国，26万人の外国人が外国人登録する，世界でも有数の国際都市である（東京都政策報道室都民の声部情報公開課，

1998)。東京都は，1989年から本格的な外国人の意識調査に乗り出し，この年度だけで，都下の自治体で4件の都内在住の外国人に対する実態把握が行われてきた。1997年にはこれらの調査が『東京都在住外国人生活実態調査』にまとめられた。

同年には，知事の私的諮問機関として外国人都民会議も設置され，都内に居住する外国人から，都政に対する意見聴取を行う機会が設けられた。外国人都民会議は，2000年の終わりまでに6回の会合を行っており，その議事録概要はインターネット上でも公開されている（東京都生活文化局文化振興部地域国際化推進課，2000）。このうち第1回から5回までの会合では，様々な外国人差別や社会保障問題などのバリアに関する問題提起が相次いだが，都市計画局がまとめた『東京都市白書2000』についての意見聴取を行った第6回では，東京の都市の分かりにくさについて，外国人の率直な問題提起が述べられており興味深い。その中でも，「外国人は，日本に最初来たときは，自分がどこにいるか，なかなか分からないので，道路に名前をつけてほしい」(p.6)との指摘は，都市における空間認知に際して，日本人と外国人が用いる手がかりの違いを端的に表している。

表B-1は，東京23区でとられている，「わかりやすいまちの表示」のための施策である。これを見ると，街区ないし住居表示案内板のローマ字併記はほとんどの区で行われていることが分かる。庁舎内の手続き案内などの英訳（場合によっては中国・朝鮮語訳）も，ほとんどの区で行われている。しかし，多くの場合，これは案内板などに含まれる言語の読み方をサポートしているに過ぎない。例えば区をkuではなくwardのように，意味を翻訳しているものになると5区しかない。さらに，外国人から要望のあった道路名の案内版も，設置しているのは23区中8区にとどまり，それらは区域住民などの間で使われている非公式の通称や愛称を載せているに過ぎないものが多い。また，ピクトグラムや案内地図の設置など，言語以外の表現手段を特別に設置している区も8区ある。

このように，空間認知研究は，言語にとどまらず，様々な媒体を通じて行われる空間的情報伝達の全体を対象としてきた。空間認知の視点から現在の施策を見ると，幾つかの課題があるように思われる。

例えば，欧米の地図の表現スタイルは，日本の地図とは大きく異なっている。街路のみを誇張し，ランドマークやその形状など，道案内に不必要な情報は，

表B-1 東京23区の「わかりやすいまちの表示」施策
(庁舎内の案内, 公共施設名の翻訳のみは対象外)

施策\区名	通常案内板への ローマ字併記	住居表示板の翻訳 (英訳)	道路名案内板の設置 (ローマ字表記)	サイン表現の工夫 (ピクトグラム・翻訳標識等)
千代田区	○		○	
中央区	○		○	
港区	○			
新宿区	○			
文京区	○			
台東区	○	○	○	ピ英
墨田区	○		○	ピ
江東区	○		○	
品川区	○			
目黒区	○		○	
大田区				
世田谷区	○			ピ英
渋谷区				英
中野区	○		○	英朝
杉並区	○	○		
豊島区	○		○	英
北区	○			英
荒川区	○	○		
板橋区	○	○ (英朝中)		
練馬区				
足立区	○			
葛飾区	○	○		
江戸川区				英

東京都生活文化局 (2000):『東京都区市町村の国際政策の状況』より筆者作成.
注) ピ=ピクトグラム, 英=英語, 朝=朝鮮語, 中=中国語を指す.

極力除いているという特徴がある。このような表現方法に慣れている外国人は日本の地図から必要な情報を得ようとする場合には, 冗長な情報が多くてわかりにくさを感じるかも知れない。従って, 単純に他言語併記すれば済む問題と, そうでない問題とは分けて考えなくてはならない。また, 個人の空間認知や空間行動に不便や不自由さが生じる場合には, 単なる使用する言語の違い以外にも, 多くの要因が関係している。例えば, 制度的な側面から言えば, 欧米の国々のほとんどは住居表示に街路と番地を用いている。街路に名前が少ない日本では, 街路名に依存した経路探索はできにくくなると考えられる。しかし, 仮に通りに名前を付けても, 日本の都市の場合, 通り名と番地は欧米のように関連付けられていない。このため, 単純に通り名を与えるだけでは, 街路上で位置を特定するのは難しい。

また，空間のレイアウトが規則的になると，認知地図の形成も容易になると考えられる（Evans et al., 1984）。しかし東京は，北米の都市に比べて，比較的不規則な街路パターンで占められている。北米の都市の多くに見られるように，東西・南北にそれぞれ Avenue と Street が並び，それによって方位や座標系が得られ，地番が一定の方向に配列され経路検索の際にはそれを手がかりにできるような都市で有効な住居表示システムも，東京のように不規則な街路パターンを持つところでは，認知地図の形成を促進しにくいと考えられる。しかし，人に合わせて環境を改変するために現在の市街地を再開発するのは，現実には難しい。この場合は，環境を人に合わせるのではなく，人が環境に慣れてもらうのが現実的である。

このような空間学習を速めるための学習方法を考えるのが空間認知研究である。例えば，空間的情報の伝達は，言語以外にもピクトグラムや絵地図などの媒体を通じて行うことができる。これらは皆，情報伝達のための媒体である。これらの媒体を読み書きし，利用する能力は「地図化能力」と呼ばれ，言語が文化によって異なるように，一定のレベル以上の地図化能力は，文化的属性を持っていると考えられる（鈴木，2000）。このように空間認知研究は，外国人にどのような表現方法でどの媒体を提示するのが，最も学習の効果を上げるのかを考える上で役立つ。また，空間認知が認知する空間と不可分である以上，媒体に表示する情報の取捨選択を行う上でも，空間認知研究の果たす役割は大きい。例えば東京のような場所では，街路名と地番の代わりに交差点名を用いるなど，日本の実情に合った形で手がかりを与えるなどの方法を考えることができる。そのためには，個人的レベルでの認知を超えて，社会的レベルの一般通念や，空間表現のレベルまで含めて空間認知の問題を考えることが，有効な手段となる。

文献

大都市企画主管者会議（1984）：『大都市と外国人』大都市企画主管者会議.
鈴木晃志郎（2000）：地図化能力の発達に関する一考察－生まれ持つのか，習得するのか－. 人文地理 52, 385-399.
田中直人・岩田三千子（1999）：『サイン環境のユニバーサルデザイン　計画・設計のための 108 の視点』学芸出版社.

千葉立也 (2000)：出稼ぎの町から「ブラジルタウン」へ－日系人が働く町,群馬県太田・大泉地域の変貌－. 小金澤孝昭・笹川耕太郎・青野壽彦・和田明子編『地域研究・地域学習の視点』大明堂, 24-51.

東京都生活文化局（1997）：『東京都在住外国人生活実態調査報告書』.

東京都生活文化局（2000）：『東京都区市町村の国際政策の状況』.

東京都生活文化局文化振興部地域国際化推進課（2000）：『第6回外国人都民会議議録概要』http://www.seikatubunka.metro.tokyo.jp/index3.files/renraku.htm.

東京都政策報道室都民の声情報公開課（1998）：『都民の声白書'98』東京都.

中村理恵（1996）：入管法改正前後の大泉町周辺の日系人をとりまく環境と日系社会の変容. えりあぐんま, vol. 3, 45-52.

Evans, G.W., Skorpanich, M.A., Gärling, T., Bryant, K.J. and Bresolin, B. (1984)：The effects of pathway configuration, landmarks and stress on environmental cognition. *Journal of Environmental Psychology* 4, 323-335.

コラムC 在日外国人に判りやすい「まち案内」や地図作成の試み

髙井寿文

　近年，多くの外国人が日本で生活している。たとえば，愛知県豊田市の保見団地や群馬県大泉町に見られる日系ブラジル人のように，在日外国人の集住する地域が形成されるまでになった。このような外国人の急増を受けて，各自治体では，日本に居住している外国人が，日常生活において円滑に移動できるように，在日外国人向けの「まち案内」やサイン計画が検討されるようになってきた。具体的には，各国語版の生活ガイドの発行，地名表記板のローマ字併記，公共交通機関での英語アナウンスによる説明などが挙げられ，これらの施策は，現在外国人の急増の著しい自治体のほとんどが行っている。しかし，ガイドマップの多くは，日本語版ガイドをそのまま翻訳したものであるか，ローマ字表記を付加しただけのものであり，主に表記面の施策が中心に行われている。ところが，在日外国人向け生活ガイドに掲載されている地図の中には，漢字のみで表記されている店舗名を翻訳してランドマークとして掲載しているものがある。この地図を利用する在日外国人が，これらの店舗名を読めたとしても，実際にこの地図を見ながらランドマークを対照して歩けるだろうか。多くの漢字表記に戸惑うに違いない。

　一方，多くの在日外国人は日常生活の中での移動において道に迷ったという経験を持っている。そのような経験から，多くの在日外国人から「日本の道路や住居表示は，複雑で判りにくい」といった，日本の街並みに対する印象をよく耳にする。このように，在日外国人が日本の都市空間での移動において不自由を被っていたり，違和感を持っていたりするという実情を考えると，円滑な移動を可能にする助けとなるべき在日外国人向けの「まち案内」やガイドブックに見られる案内地図を，ただ機械的にローマ字表記にするだけで十分といえるだろうか。

　近年，まちづくりにおける施策の一つとして，バリアフリーが強く謳(うた)われている。そのため，様々な建築計画において，特に車いす利用者や視覚障害者といったハンディキャップを持った人々に配慮した施策が進められるようになっ

た。都市空間の移動におけるハンディキャップという側面から捉えるならば，たとえば，図 C-1 に見られるような，海外旅行などでの言葉の不自由さによる経験は誰もが持っているだろう（日比野，1999）。したがって，在日外国人も言葉や文字の違いによる不自由を被っており，空間的移動においてはある種のハンディを負っていると捉えることができる。しかし，在日外国人が日常生活におけるハンディキャップを持っているという認識は，現代社会においては，まだ低いといえるだろう。道路標示や案内板などの表記面の改善が中心に行われているに過ぎない。これに対して，たとえば豊田市では，ポルトガル語の案内地図を設置する際に，どこにどのように設置するのが日系ブラジル人にとって最も見やすいのかという検討が試みられ，主要な道路を統一した色で区別する計画が進められている（豊田市，1993）。このように，従来の標示板のローマ字併記化だけでなく，在日外国人にとって判りやすいまちづくりの施策が考慮されていることは注目に値する。これまで在日外国人の施策については表記面の改善が行われるに過ぎなかった。しかし，もはや日本で生活する在日外国人が珍しくなくなった現代社会においては，これまでほとんど考えられてこなかった在日外国人にとって判りやすい「まち案内」や地図を考慮する必要があるのではなかろうか。

　こうした在日外国人にとって判りやすい「まち案内」や地図作成に向けての意識の高まりは，自治体よりも，むしろ地域における様々なボランティアによる活動として現れるようになっている。たとえば，名古屋市千種区のバリアフリーマップ作成ボランティア「ちくさ・ともにマップ」では，各種施設の現地踏査などの様々な活動を行いながら，車いす利用者や視覚障害者をはじめ，在日外国人に判りやすい地図の作成が試みられた。特にこれまでほとんど注目されてこなかった在日外国人を対象として，彼らを取り巻く個々の状況を綿密に考慮した地図作成が試みられたのは，社会的意義が非常に大きい。在日外国人については，地理的な情報をいかに判りやすく伝えるかという問題を考える上で，彼らが未知の都市への新来者という意味合いも考慮しなくてはならない。したがって，地図には日常生活における各種の情報を提供する役割と，彼らが目的地まで円滑にたどり着けるような経路情報を提供するという，二つの役割を持たせる必要がある。前者については，一口に在日外国人と言っても，様々な国籍の人々が存在する。個人を取り巻く様々な状況によって，地図表現として掲載するのが適当ではない情報もあるだろう。そこで，日常生活に必要と考

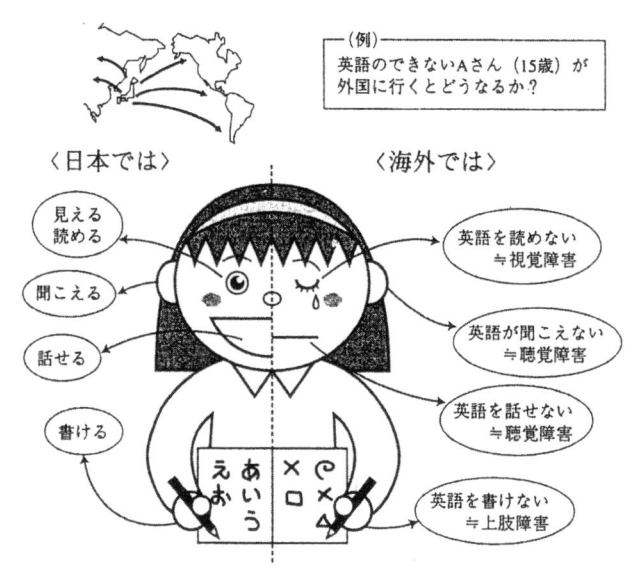

図C-1 言語圏の違う国でコミュニケーションのバリアを生じる例
(© 長崎バリア・フリー研究会 (1999):『バリア・フリー百科』阪急コミュニケーションズ)

えられる地理的情報を，各国籍の在日外国人ごとに検討する必要がある。

一方，後者のような在日外国人への判りやすい経路案内については，主に表記面の施策が中心で，地図に関する配慮はこれまでほとんどなされてこなかった。各自治体で作成されてきた在日外国人向けの生活ガイドには，日本人用の地図をそのまま各国語に翻訳しただけの地図が載せられているだけである。施設名と住所だけで，案内図が載せられてないものも多い。したがって，在日外国人が目的地まで到着できるよう配慮した生活ガイドブックは，ほとんど見られなかったといってよい。これでは日常生活で初めての場所へ訪れようとする在日外国人の多くが不自由に感じるのも，もっともなことであろう。在日外国人が日常生活の移動において，不自由を被るという意識を持つことが必要である。そして，彼らにとって判りやすい「まち案内」や地図にするには，どのようにすれば良いのかを，彼らの立場になって考えることができるのではなかろうか。

在日外国人にとって判りやすい「まち案内」を作成するために考慮すべき点は幾つかある。まず，地図表現に関するものとしては，在日外国人が判読しやすいような地図表現に工夫できるだろう（髙井，2000）。図C-2は，外国人に

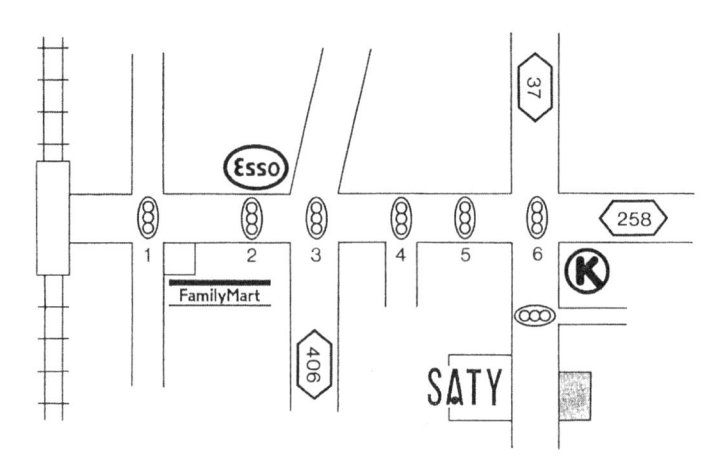

図C-2　外国人に判りやすい案内地図の例（模式図）

判りやすい地図として模式的に作成したものである。たとえば，ローマ字やロゴマークで表記されるランドマーク，交差点の信号機の個数や道路番号は，ある程度共通したランドマークとして有効であろう。また，多くの在日外国人からの聞き取りの中にも，地図表現に考慮し得る興味深いエピソードがある。たとえば，ある在日フィリピン人によれば，彼らはボウリング場やパーティーのできる場所をよく知っているという。これは，フィリピンでは比較的に高価な娯楽であるボウリングが日本では安価で楽しめるため，来日してから出掛けることが多いのだと言う。また，エスニックビジネスの展開によって母国の生活食料品が比較的手に入りやすくなったことから，多くの日系ブラジル人は，ブラジル食料品店を利用している。そこで，彼らの生活において馴染みの深い施設をランドマークとして載せることもできるだろう。また，「日本の屋根の色はサンパウロに比べて地味なので，区別がつきにくい」とか「日本の風景はみんな同じに見えて判りにくい」と話す日系ブラジル人もいた（髙井，2004）。日本の風景や環境のレイアウトに対して外国人が抱く印象についても，在日外国人向けの地図を作成する上で有効な知見を含んでいる。このように，在日外国人の母国の文化や生活習慣に基づく空間的知識の多様性は，従来の表記面の改善だけではなく，表現方法そのものを検討する必要性も示唆している。また，地図という表現方法だけでなく，日常生活における空間的移動を行う際に必要な種々の知識を説明したガイドブックも見られる（財団法人アジア福祉教育財団難民事業本部編，1988）。自宅から目的地までの公共交通機関を利用する際

の手続きや経路探索の仕方が，場面ごとの写真や文章で説明されている。このような目的地までの移動の際に必要な知識についても，特に日本に来て間もない外国人に対しては，提供する必要があるだろう。

　地理的な情報をいかにわかりやすく伝えるかという問題は，たとえば，空間認知研究の中で考えられてきた（MacEachren，1995）。そこでは，各種の地理的な情報を地図上でどのように表現するのが最も判りやすいかという，地図表現に関する議論が中心であった。マイノリティーや外国人に着目し，地図利用者の側からの地図作成を検討する研究はほとんど行われていない。移動におけるハンディキャップ集団の一つとして位置付けられる在日外国人を対象とした空間認知研究を行う上では，彼らを取り巻く様々な社会的・文化的状況と空間認知との関わりを明らかにする必要がある。今後は，それらの知見を地図表現に反映させることによって，その有効性を具体的に検証しながら，本当の意味で在日外国人にとって判りやすい「まち案内」や地図を考慮していくことが望まれる。

文献

財団法人アジア福祉教育財団難民事業本部編（1988）:『日本人の生活と習慣－目的地へ行く，交差点と駅，いろいろな標識，友人を訪問する－』.

髙井寿文（2000）: 社会・文化的状況を考慮した外国人向け「まち案内」の提案．－日系ブラジル人による手描き地図の分析から－．地理情報システム学会講演論文集，9，367-370.

髙井寿文（2004）: 日本の都市空間における日系ブラジル人の空間認知．地理学評論 77（8），523-543.

豊田市（1993）:『豊田市サインマニュアル』豊田市都市整備部都市景観課.

日比野正巳編（1999）:『図解バリアフリー百科』TBS ブリタニカ.

MacEachren, A. M.（1995）: *How Maps Work : Representation, Visualization, and Design.* New York : GUILFORD.

第6章　女性は道に迷いやすいか？

竹内謙彰

1. はじめに

　本章で扱う「問い」は「女性は道に迷いやすいか？」である。言い換えれば，ここで焦点となる問題は，都市空間の認知とナヴィゲーションにおいて女性はハンディキャップを持つか，もし持つとしたらそれはどのようなものか，ということである。しかし，こうした大きな問題には，多様な答え方がありうるだろう。本報告では，空間認知の性差にかかわる研究を概観することで，この問いへの回答を試みたいと考える。すなわち，都市空間の認知とナヴィゲーション，及びそれらの基礎的な要因の一つと考えられる空間認知能力の性差を取りあげ，そうした性差の程度や特徴，ならびにそこに見られる性差がセックスの問題なのかジェンダーの問題なのかについて検討を加えたい。また，補足的にではあるが，ナヴィゲーション行動を抑制する要因として場所への否定的な感情を取りあげ，場所と結びついた否定的な感情の特徴について検討を行うこととしたい。

2. ナヴィゲーションと空間認知能力の性差－ジェンダーかセックスか

2-1. 日常空間における認知の性差に関する研究

　女性は道に迷いやすいか？これは日常耳にすることのある問いである。しかし，この問いに対し実証的データに基づき明解に答えることは，非常に困難な課題である。「道に迷う」ことを行動的にどう定義するかが，この問題の難しさの一つであろう。しかし，経路発見（wayfinding）やナヴィゲーションに関わる技能（skill）の性差に焦点をあてた研究は近年増加してきている[1]。そうした研究を概観することで，女性の方が道に迷いやすいかどうかに一定の結論を得ることができるだろう。これらの研究には，ほとんど（あるいは全く）性差が見いだされないものと，明瞭な男性優位の結果を示すものとに大別される。

性差が見いだされなかった研究から見ていこう。経路に沿ったランドマークに対する方向指示の正確さには性差は見いだされなかったとする報告がある（Montello and Pick, 1993; Sadalla and Montello, 1989）。なお，筆者のデータ（竹内，1992）でも，経路に関係付けたランドマークに対する方向指示ではないが，やはり方向指示（学内のいくつかの地点や近隣都市，最寄り駅などに対する）の正確さには性差は見られていない。また，7〜13歳児を対象に経路発見課題を行った研究（Cousins et al., 1983）では，経路の間違い（これに関しては天井効果だと考えられるが）やランドマークの記憶，経路順序の理解などの測度で性差は見いだされなかった。また，環境空間の言語的記述を用いた研究でも，性差は見いだされなかった（Taylor and Tversky, 1992）。さらに，視覚障害者が参加者となったPassini et al. (1990) の研究でも，迷路の中の経路発見課題で設定された測度において性差は見いだされていない。

それに対して，男性優位の性差を報告した研究もある。たとえば，方向指示課題に関しても，いくつかの研究では性差が報告されている（Bryant, 1982; Galea and Kimura, 1993; Holding and Holding, 1989）。また，男性の方が女性より，地図上で建物の位置を正確に同定できることを示す研究（McGuiness and Sparks, 1983）や，他者に方角を教える場合に絶対方位（東西南北）を用いやすい傾向があることを示す研究もある。ただし，絶対方位を用いる傾向が強いことは，それが多くの状況に対して汎用性が高いものであるとはいえ，そのこと自体はあくまで方略の問題である。

方略に関してはまた，幾つかの研究において，実際空間でのナヴィゲーションおよび地図理解で，男子は方向や距離などのユークリッド的手がかりに依存する方略をとりやすく，女子は目印（landmark）に依存する方略を用いやすいことが指摘されている（例えば，Galea and Kimura, 1993）。

なお，自己報告を求めると女性の方が「道に迷いやすい」とか，「方向感覚がよくない」と答える傾向は強いと言ってよい。方向感覚の善し悪しを質問紙で問うと，女性の方が平均して得点は低くなる（例えば，Kozlowski and Bryant, 1977; 竹内, 1992, 1998）。筆者が質問紙で調査を開始して以来，参加者は主として大学生であるが，ほとんどの場合において性差が見いだされている。しかし，性差が見いだされていない調査報告も見られる[2)]。

行動的指標を取ると，男性優位の性差が見いだされる場合もあるが，差がない場合もある。また，意識のレベルでは，多くの場合，女性の方が男性より自

分の方向感覚が良くないと考える傾向がみられるものの，両者に差がない場合もある。今後，意識レベルのデータに関して，多様な指標の開発を行うことを含め，経路発見やナヴィゲーションの性差に関するデータはさらに蓄積される必要があると思われる[3]。

2-2. 空間認知能力の性差に関する研究

経路発見やナヴィゲーションの基礎を構成すると考えられる空間認知能力においても，男性優位の性差が見いだされる場合が多いことは，Maccoby and Jacklin（1974）による先駆的な性差研究以来，知られようになってきた。空間認知能力の性差に関しては，その後多くの研究がなされてきており，そうした研究に関する重要なレビューもいくつか知られている。そうしたレビューの中でも，性差に関してメタ分析と呼ばれる統計手法を用いて，性差がどの程度の大きさであり，また，時間の経過にともなってどのように変化するのかが検討されてきた。

Linn and Petersen（1985）は，過去の研究をメタ分析し，空間能力を測定する様々なテストを大きく空間知覚（spatial perception），心的回転（spatial rotation），及び空間視覚化（spatial visualization）に3分類した。その上で，カテゴリーごとに性差の程度を検討したところ，心的回転では，総じて比較的大きな性差が得られ，空間知覚では，それに次ぐ性差が得られるが，空間視覚化では統計的に見て意味のある性差はないことを明らかにした。

また，神経心理学者のキムラ（2001）も，空間能力を測定するテストをいくつかのカテゴリーに分類できることを指摘している。彼女によれば，男性優位で性差が大きいものとして，標的当て（targeting）及び空間的な定位（spatial orientation）があげられている。ちなみに，この空間的な定位の中には，心的回転課題も含まれる。また，男性優位の差がある程度見られるものとしては，空間視覚化,埋没図形の発見（disembedding），及び空間知覚又は場独立性（spatial perception or field independence）の3者をあげているが，この点では，空間知覚には有意な性差がないとしたLinn and Petersen（1985）の指摘とは異なっている。なおキムラは，空間的問題解決であっても，空間位置の記憶（spatial location memory）のように，女性の方が得意である課題があることも指摘している。

次に，経年変化についてみると，Stumpf and Klieme（1989）やFeingold

(1988) では，男性優位の性差が減少する傾向が示されている一方，Masters and Sanders (1993) では経年変化が認められず，一貫して男性の方が優勢である比較的程度の大きな性差が認められている。これら三者の違いは，分析の対象とした課題の違いに起因するものと思われる。Stumpf and Klieme (1989) では，ドイツで用いられている医学部入学適性検査 (Medical School Admission Test) の中の下位検査である立方体視点テスト (Cube Perspective Test) を対象としている。また Feingold (1988) では，アメリカで用いられている適性検査 (Differential Aptitude Test) の中の下位検査が取りあげられており，空間認知能力課題としては空間関係 (Spatial Relations) 課題が相当する。なお，立方体視点テストにせよ，空間関係課題にせよ，空間視覚化のカテゴリーに含まれるものと推測される。それに対し，Masters and Sanders (1993) が対象としたのは，Vandenberg and Kuse (1978) の作成した3次元心的回転課題である。なお，Linn and Petersen (1985) から10年後に，空間能力テストを用いた研究についての大規模なメタ分析を行った Voyer et al. (1995) によれば，一部の空間課題では，性差減少の経年変化を認める一方で，心的回転に関しては，性差の程度は安定していて経年変化が見られないことが報告されている。

　このように，空間認知能力といっても性差が見られやすいものもあれば，そうでないものもあり，場合によっては女性の方が得意なものもある。概括すれば，空間情報の変換操作を要する難易度の高い課題は男性優位の性差が見られやすく，時間の経過によっても性差の程度に変化は見られないが，それほど難易度の高くない空間課題は，性差の程度が減少するという経年変化が見られる。逆に空間位置の記憶に関しては，女性の方が優れている場合がある。

　以上のことから，少なくとも現象としては空間認知の性差は存在すると言ってよい。では，この差をどう理解すべきなのだろうか。

2-3. 空間認知の性差と進化論的説明

　近年の心理学の特徴的な流れとして，文化心理学と進化心理学という二つの比較的新しい研究領域が発展してきたことが挙げられる。こうした流れは，あえて単純化して言えば，従来の心理学では必ずしも鋭く問われなかった心性の由来への問いに答えようとする試みの中から生じてきたと言ってよい。性差を進化によって説明しようとすることは「セックス」の側面，すなわち生物学的側面からのアプローチにほかならない。ここでは，進化心理学の立場から空間

認知の性差がどう説明されるか紹介したい。

　まず進化心理学では洪積世における長い狩猟採集型の生活様式が人間の一般的傾向性を形成する上で重要であって，文明化して以降の比較的短い期間は，人間の進化的形成にとっては短すぎるものと考えられている。それゆえ，その時期に形成された傾向性は，現代社会においては必ずしも適応的でない可能性がある。

　進化による説明では，生き残るための必要性に関わる形質の個体差（個人差）が，自然淘汰を受けると考えるのである。つまり，空間認知に関わっては，男女で異なる淘汰圧が働くことで，空間認知能力の性差が世代間で蓄積していったと説明する。狩猟採集型社会では，男は主として狩猟に携わり，女は主として採集に関わっていて，そのことが男女で空間能力の違いを生じさせることとなった。すなわち，狩猟においては獲物を追い求めて広範な地域を移動することから，方角の推測や距離評定の能力，及び獲物を捕まえるための投擲力の正確さが必要とされるのに対し，採集においては，空間能力としては対象の位置関係の把握（記憶）が重要となってくるのである。

　また，自然淘汰の一形態である性淘汰による説明もある。どのような形質を持った雄を雌が好むかによって，世代間で伝達される形質が異なってくること，ならびに雌をめぐる雄同士の競争がある場合に競争に勝つ確率の高い形質が世代間で伝達されやすい。空間認知と関連付けて具体的に述べると，大規模な空間把握に優れ投擲力も高い男性狩猟者は，獲物をより多く得ることができるので女性に選ばれやすくなる，あるいは，女性をめぐる競争でも優位に立てる，といった説明が可能であろう。

　進化心理学者たちは，上述したように，先史時代における男女の役割分業の仮定に基づき，現象としてみられる性差，すなわち，男子の方が投擲力（標的当てで測定されると考えられる）に優れることや，空間情報の変形操作に優れ，また地誌的表象においては方位や距離といったユークリッド的手がかりの使用を好むこと，他方女子が空間記憶では優れており，ナヴィゲーションにおいてはランドマークの記憶に依存しがちであることなどが進化の産物であることを主張しているのである（例えば，Silverman and Philips, 1998）。

　しかし，空間認知の性差に対する進化心理学の説明には，いくつかの仮定をふまえた推論だという点で留保が必要だろう。たとえば，狩猟採集型社会での男女の役割分業がどれくらい固定的であったか，実際の食糧確保にあたって狩

猟がどれくらいの重みを持っていたかなどの点は、人類の進化にかかわる重要な論点であるが、研究者の間でも意見が必ずしも一致していないようである(例えば、ダイアモンド、1993)。

2-4. 生物学的要因と環境的要因：どこまでわかっているか？

　進化心理学は、いまや人間理解において一定の影響力を持ち始めており、「現象を説明する枠組み」を提供してくれるものではあるが、対象とする領域によって、その妥当性は異なる。少なくとも性差に関する説明は、ある程度の確からしさで他のモデルでも説明できるという程度の理論の発展段階であろう。

　ここでは、空間認知の性差に対する生物学的要因と環境的要因の影響はどこまでわかっているかについて整理しておこう（竹内、1994参照）。

　生物学的要因としてよく取り上げられるのは、①遺伝子レベルでの影響、②胎児期における性ホルモンの影響、及び③大脳半球のメカニズムの3点である。上記①②の影響があって、③の大脳半球における構造や機能に性差が表れると考えてよいだろう。なお、①については、いままで推測の域にとどまっていたことが、近年急速に研究が進むなかで、徐々に証拠が見いだされるようになってきた。それに対し、②や③に関しては、すでに、一定の証拠が見いだされてきていると言ってよい。

　一方、環境的要因として取り上げられるものには、①空間的活動経験、②ジェンダー・ステレオタイプ、及び③学習経験の違いなどの要因がある。こうした諸要因が、性別によって変動する要因であると同時に、空間認知の個人差に影響を与える要因であることが見いだされている。

　生物学的要因と環境的要因は、それぞれ別個に機能しているのではない。現実には分かち難く絡み合いながら、個々人の行動傾向を形成しているのである。少し具体的に考えてみよう。身体の組織は遺伝子の「設計図」に基づき形成されるし、それがどのように働くかについても、その傾向性はすでにある程度方向付けられている。しかし、実際の身体の働きは、おかれた環境条件への適応でもあり、どのような現れをするかは環境条件にかなりの程度依存する。環境から何を学ぶかによって、その後の行動傾向には多様な変異が生ずることになる。また、ホルモン分泌は特に発達の初期（胎児期や新生児期）には脳の機能を方向付ける上でとりわけ重要な働きを示すが、そのようなホルモン分泌の質や量は、環境の影響を受けるものでもあるのだ。

まとめるならば，空間認知の性差には生物学的要因と環境的要因がともに影響しているのであり，どちらか一方の要因のみで説明することはできないと言える。つまり，空間認知の性差は，生物学的要因と環境的要因の相互作用によって生じるという，いわば当然とも言える結論になる[4]。ただし，実際の発達プロセスの中で，どのように相互作用が生じるのかは，今後とも研究されるべき課題である。

2-5．小括

 さてここで本節の最初の問題，つまり，「女性は道に迷いやすいか？」という問いに立ち返ることにしよう。この問いに，無条件にイエスと答えることはできない。控えめに「女性の方が男性より経路発見において困難を感じる確率は高いかもしれない」という程度の表現が妥当であろう。

 少なくとも現象的には空間認知の性差は存在している。①性差の詳細の探求と，②性差をもたらす要因の探求，の二つの側面から数多くの実証的研究がなされている。本章では，ここまでのところで，これら二側面に関わる諸研究を紹介した。

 ここで注意しておくべきは，比較的単純な課題で測定可能な能力と，実際の環境空間の中で経路を探索する際に働く能力とでは，質が異なるという点である。要素としての能力には性差があったとしても，現実の経路探索では，要素的能力のどれか一つだけが決定的に重要になる場合は少ないのである。空間的配置の全体像をイメージすることが有効な場合もあれば，曲がりの順序をおぼえることやランドマークと曲がりを関連付けることが有効な場合もある。そして，人に尋ねることも，一つの有効な解決方略になりうるのだ。

 ところで，確かに「現象の詳細を明らかにすること」と「その現象の原因を追及すること」は，ともに真理の探究という点では重要なアプローチであるのだが，そうしたアプローチによって得られた知見に基づいて，日々の暮らしと結びついた問題の解決に資する観点も同じく重要である。経路発見やナヴィゲーションの性差と結びついた性（セックス／ジェンダー）にまつわる不利益を解消する手段の開発といったことがもっと問題にされねばならないだろう。

 具体的にはたとえば，現象としては少なくとも存在している空間認知能力の性差や方略の好みの性差が，実際の経路発見やナヴィゲーション行動に負の影響を与えないように都市環境をデザインするといったことが重要な研究目標と

なりうる。例えば，方向や距離といったユークリッド的手がかりをうまく用いることができなくても，ランドマーク依存の方略にもとづいて目的地に間違いなくたどり着けるような，適切な弁別手がかりを都市空間内の適切な場所に配置することが，一つの研究課題となりうるだろう。また，たとえば都市のあちこちに設置されている「現在地」地図の掲示方法を，整列効果などを考慮しながらできるだけ認知的負荷の少ないものにすることなど，地図の提示や構成の仕方，あるいは読み取り方も研究課題になりうる。

仮に，空間能力の性差に関する進化論的説明が正しく，空間能力の性差に生物学的な影響があるとしても，私たちがここで問題にしているのは，あくまで都市空間内での経路探索や道迷いであり，狩猟採集時代の森や草原の中での空間行動ではない。都市空間であれば，効率的な空間行動を可能にする人為的な操作可能性が高いのである。

やや別の観点からは，女性が経路発見やナヴィゲーション行動を積極的に経験するよう促すことや条件整備を行うといったことも課題となりうるかもしれない。まず第一に重視されるのは，生活空間における安全の確保であろう。安全でなければ，出歩くことをできるだけ控えるだろうし，そのために経路発見のための方略を学習する機会が減ることになる。また，経路発見にかかわって，女性の方が男性より不安を感じやすいという指摘がある。不安は行動を抑制するがゆえに，やはり能力を向上させる機会を減じてしまうだろう。一般的に言っても，不安や恐怖はそれにまつわる行動を抑制する効果を持つが，もし，特定の場所あるいは空間領域に対して，強い否定的な感情が付随しているとしたら，それは空間行動の抑制要因として働くだろう。次節では，否定的な感情と関係する場所とはどのような特徴を持つかを，やや素朴な方法を用いてではあるが，実証的に検討してみたい。

3．否定的な感情が生起する場所に関する探索的研究 [5]

方向感覚あるいは方向音痴という言葉で表現されるようなナヴィゲーションにおける有能さの意識には個人差ならびに性差が認められる。これは，空間認知に関わる問題であると同時に，感情的ならびに対人関係的な問題でもあると考えられる。対人関係的な問題としては，ナヴィゲーションの際に意志決定を行う主体として行動する役割を担うか，あるいはフォロアーとして行動しがち

であるかと行った点からの分析が可能であろう。また、対人関係的な問題は感情的な問題とも、相互に関連をしていると言えるかもしれない。

　私たちは、様々な場所を移動する際、「怖い」とか「不安だ」と感じる機会がある。そうした否定的な感情のすべてではないにしてもその一部は、活動的なナヴィゲーション行動を抑制する働きを持つだろうと考えられる。ここでは、否定的感情と結びついた場所にはどのようなものがあり、どのような感情が生起するか見いだすことを目的とした。

　この探索的研究に協力してくれた参加者は、東海地方の国立大学に所属する大学院生及び大学生8名（女子6名、男子2名）であった。

　今回用いた基本的な手続きは、各参加者にデジタルビデオカメラ（シャープ社製 VL-EF1）を携行してもらい、それによって、否定的な感情（「怖い」、「不安だ」あるいは「不快だ」など）が生じやすい場所を撮影し、その場所に関する感情など心の中に生じたことを話してもらうようにすることであった。なお、発話の録音は、撮影時に行っても撮影終了後にビデオカメラのアフレコ機能を用いて行っても、どちらでもよいこととした。このようにして撮影記録された場所及びそれにともなう音声記録を分析の対象とした。

　さて、このようにして得られたビデオ記録を分析した結果の主要点を以下に述べたい。分析では、ビデオカメラによって撮影された場面を特定すると共に、それと関連する参加者の発話を文字化し、それを今回の分析対象とした。

　まず撮影された場所（場面）に関する分析から述べる。8名の参加者から、計127場面が収集された。なお、ビデオによる継時的な記録であるため、撮影時間が連続している場合でも、参加者が異なる視点からコメントしている場合には、別の場面としてカウントした。表面的な属性による場所のカテゴリーに基づき出現頻度を示したのが表6-1である[6]。

　このうち、道路または交差点を撮影したものがもっとも多いが、その大半は、交通事故の危険性や交通量の多さによる空気の汚れに言及したものである。次に頻度が多いのが、ゴミへの言及であるが、これはゴミそのものを不快に感じるか、あるいはゴミのおかれ方がルールに反する（収集日以外に出される、あるいは集積場所と違う場所に出されている、など）ことを不快に感じて言及されている。これら二つの場所カテゴリーは、確かに否定的感情を喚起するものではあるが、このことが空間行動を抑制するような働きを持つほど強い感情だとは言えないと考えられる。それに対して、「トイレ」と「神社・林・藪」の

表 6-1　撮影された場所の表面的属性によるカテゴリーと頻度[6]

場所：	道路（交差点）	ゴミ	トイレ	神社・林・藪	その他
頻度：	26	8	7	5	81

二つのカテゴリーは，感情表現にすべて「こわい」が用いられており，また，コメント内容も「近づきたくない」や「何が起こるかわからない」といった強い否定的感情の表明が見られているのが特徴といえる。

強い否定的な感情が表明されやすい場所は，大きくは「人気のない場所」と「見知らぬ人のいる場所」の二つの上位カテゴリーに集約されると考えられる（表6-2）。なお，場所のカテゴリーではないが，「もし夜だったらもっとこわくて近づけない」など，夜の暗さという状況要因が否定的感情と関連していることが示された。

なお，参加者がどのような場所を「こわい」としてあげたか，読者に具体的なイメージを持っていただくために，「人気のない場所」の二つの例を挙げておきたい。一つは「公園内のトイレ」であり，もう一つは表中には記述していない「神社参道の階段」である。どちらの場所も，筆者自身が直接足を運んで確認した際，筆者自身にどのような感情が生じたかを述べると，「公園内のトイレ」は確かにこわい印象をもたらすものの，中に入ることに特にためらいは生じなかったし，「神社参道の階段」は，筆者にとっては静かで心地よい空間に感じられた。ただし，日中でもあまり人通りがないのは確かであり，何か犯罪に巻き込まれそうになったときに助けを呼べないと言う意味でのこわさがあることは否定できないであろう。

以上のような結果の分析に基づき，以下に簡単な考察を加えておきたい。強い否定的感情と関連する場所カテゴリーが，「人気のない場所」と「見知らぬ人のいる場所」という，対照的なカテゴリーになったことは興味深い。この上位カテゴリーは，場所を包括するものとして用いたが，他面から見れば，対人関係的な要因でもある。

今回は「こわい」ないしそれに類似した表現をもって，「強い否定的感情」が生起しているものと見なしたが，同じ「こわい」と表現される中にも，個人内でも個人ごとにも程度の違いがあり得る。実際，参加者の一人（女性）が強い否定的感情を示した場所も，筆者自身にとっては，ある程度こわい感じはしてもさして近づきがたい感じはせず（公園のトイレ），あるいはむしろ静寂さ

表 6-2 強い否定的感情と結びついた場所の上位カテゴリーと特徴的なコメント

上位カテゴリー	人気のない場所	見知らぬ人のいる場所
特徴的コメント（場所）	ここで何が起こっても助けてもらえなさそうでこわいです（公園のトイレ）／一人で夜通るときなどはこわくて急いで通り過ぎる（人通りの少ない道）	酔いつぶれた人が居るとこわくて近づきたくないなあという気がします（居酒屋の前）／段ボールのお家が並んでいて，簡単には近づけない気がします（S公園内）

から好ましい印象を持った場所もある（神社の参道）。あくまで，わずかな例から，性差へと一般化することには慎重でなければならないが，場所への「こわさ」感情の生起は女性の方が強いのかも知れない。もっとも，参加者の男性二人のデータを見ても，「こわい」といった否定的な感情と結びつく場所の特徴は女性とよく似ている。たとえば，男性二人のうち一人はトイレをあげているのは共通しているといってよいだろう。

いずれにせよ，男女でどの程度，場所にまつわる不安や恐怖を感じる程度が男女で異なっているのかどうか，更には，そうした強い否定的感情が移動行動を抑制する程度に性差があるのか，といった問題には，今回結論を出すことはできない。

また，否定的な感情の表明があっても，回避への指向性だけではなく接近への指向性（好奇心など）も含まれている可能性がある。場所の喚起する感情の多重性にも注意を払うべきであるかも知れない。

今回見いだされた否定的感情を生起しやすい場所への態度と，実際のナヴィゲーション行動やそれに関わる有能さの意識とがどのように関連しているかを検討することもまた，今後の課題として残されている。

4．まとめ

道に迷いやすいかどうかは，各人が持っているスキルや方略，実際の空間の特質，及び利用できる資源の量や質など，非常に多様な要因に影響を受けるものである。要素としての空間能力に部分的には男性優位の性差があるのは事実

だが，空間的定位や心的回転といった能力を駆使しなくても，現実の環境空間内で経路をたどることは十分可能である場合が多い。特に，人工的環境空間である都市においては，誰もが使用可能な手がかりや資源をアクセス可能な形で提供することで，個人ごとに異なる空間的スキルにあまり影響されず，誰でもあまり間違うことなく道をたどれるようにすることが，少なくとも理論的には可能であろう。実際，カーナヴィゲーションシステムのような GPS を利用した機器の普及は，そうした可能性を広げつつある。ただし，提供する手がかりや資源をどのようなものにするかを検討するに際して，要素としての空間能力の性差や個人差に関わる知見は，役に立つだろうし，この点で，個人差や性差に関心を持つ心理学者は多少なりとも貢献できるかもしれない。

注

1) Self and Golledge（2000）及び Coluccia and Louse（2004）は，近年の研究について精力的なレビューを行っている。特に後者は，性差に関して，視空間的作動記憶の関与に関する仮説を提起していて興味深い。それぞれ，本小論では触れられなかった諸研究についても紹介を行っているので，参照されたい。
2) 方向感覚を複数の質問項目で問う場合，性差が見いだされなかったデータもある（竹村，1999）。また，最近筆者が英国ロンドンの学生に対して行った調査でも，有意な性差は得られていない（調査結果の一部は竹内 [2005] に発表されたが，性差に関わる部分は触れていない）。性差が得られる場合もあればない場合もあるという結果の不一致をどう解釈すべきだろうか。これは性的ステレオタイプなのだろうか，それとも，生物学的性差の反映なのだろうか。はっきりしていることは，質問紙で測定される方向感覚でも，常に性差があるとは言えず，項目の違いや，地域の違いなどで，結果も変動すると言うことである。
3) 新垣・野島（2001）は，方向オンチと呼ばれる現象について，それを一次元的な能力と捉えるべきではないこと，コンピテンスのレベルとパフォーマンスのレベルを分けて考えるべきであることを示唆している。
4) 数年前，性差に対して生物学的要因の影響を強調する『話を聞かない男，地図が読めない女－男脳・女脳が謎を解く－』（ピーズ・ピーズ，2000）という本が翻訳出版され，ベストセラーになった。内容は，一般読者を念頭にした，日常生活でのたとえや著者自身の体験なども交えながら興味を持続させるような記述になっており，翻訳も読みやすいものだ。また，主張の根拠とされる引用も（一般向け書籍なので引用文献リストなどはついていないが），社会生物学や神経心理学，

あるいは進化理論などの学術的成果をそれなりにふまえていると言ってよい。しかし他方，生物学的要因の影響を一面的に強調しすぎているという感は否めない。人間の性差や個人差がほとんどすべて後天的な経験や学習によっているという主張が極端であるのと同じく，地図を読むなどの性差はかなりの程度まで生まれつきのものだという主張には，疑問を呈せざるを得ない。生物学的要因が性差に影響することは否定できないにしても，それは性差を決定付けるものではなく，あくまで男女間での傾向差を生み出すだけなのである。
5) ここで報告するデータの一部は，日本教育心理学会第63回大会のポスターセッションにて発表されたものである（竹内，1999）。
6) カテゴリーで，「その他」に分類されるものが多かったのは，一部には教示の不備によるものである。「否定的な感情と結びついた場所をビデオカメラにより撮影し，自らのコメントを付け加えてほしい」という趣旨の教示を行っただけであるため，室内場面をかなり長く撮影したものや，個人的な体験から嫌なイメージが喚起される場所を撮影したものなどが多くみられた。なお，「その他」カテゴリーには，後の分析において，強い否定的感情と結びついた「見知らぬ人のいる場所」とされた場面も含まれる。これは表面的（物理的）属性としてはうまくカテゴリー化できなかったため，「その他」カテゴリーに含めたものである。

文献

キムラ，D. 著，野島久雄・三宅真季子・鈴木眞理子訳（2001）：『女の能力，男の能力：性差について科学者が答える』新曜社．

新垣紀子・野島久雄（2001）：『方向オンチの科学：迷いやすい人・迷いにくい人はどこが違う？』講談社．

ダイアモンド，J. 著，長谷川真理子・長谷川寿一訳（1993）：『人間はどこまでチンパンジーか？：人類進化の栄光と翳り』新曜社．

竹内謙彰（1992）：方向感覚と方位評定，人格特性及び知的能力との関連．教育心理学研究，40，47-53．

竹内謙彰（1994）：空間能力の性差は生得的か．心理科学，16，61-75．

竹内謙彰（1998）：『空間認知の発達・個人差・性差と環境要因』風間書房．

竹内謙彰（1999）：否定的な感情と結びついた場所－ヴィデオ記録を用いた予備的研究－．日本心理学会第63回大会発表論文集，809．

竹内謙彰（2005）：方向感覚質問紙簡易版（SDQ-S）の因子構造の検討．日本教育心理学会第47回総会発表論文集，91．

竹村治美（1999）：『方向感覚に関する研究：方向音痴意識尺度の構成』1998年度大

阪教育大学卒業論文（人間科学専攻発達人間学コース）．

ピーズ，A.・ピーズ，B. 著，藤井留美訳（2000）:『話を聞かない男，地図が読めない女：男脳・女脳が謎を解く』主婦の友社．

Bryant, K. J.（1982）: Personality correlates of sense of direction and geographical orientation. *Journal of Personality and Social Psychology*, 43, 1318-1324.

Coluccia, E., and Louse, G.（2004）: Gender differences in spatial orientation: A review. *Journal of Environmental Psychology*, 24, 329-340.

Cousins, J.H., Siegel, A.W., and Maxwell, S.E.（1983）: Way finding and cognitive mapping in large-scale environments: A test of a developmental model. *Journal of Experimental Child Psychology*, 35, 1-20.

Feingold, A.（1988）: Cognitive gender differences are disappearing. *American Psychologist*, 43, 95-103.

Galea, L.A., and Kimura, D.（1993）: Sex differences in route-learning. *Personality and Individual Differences*, 14, 53-65.

Holding, C. S., and Holding, D. H.（1989）: Acquisition of route network knowledge by males and females. *Journal of General Psychology*, 116, 29-41.

Kozlowski, L. T., and Bryant, K. J.（1977）: Sense of direction, spatial orientation, and cognitive maps. *Journal of Experimental Psychology: Human Perception and Performance*, 3, 590-598.

Linn, M. C., and Petersen, A. C.（1985）: Emergence and characterization of sex differences in spatial ability: a meta-analysis. *Child Development*, 56, 1479-1498.

Maccoby, E. E. and Jacklin, C. N.（1974）: *The psychology of sex differences*. Stanford: Stanford University Press.

Masters, M. S. and Sanders, B.（1993）: Is the gender difference in mental rotation disappearing? *Behavior Genetics*, 23, 337-341.

McGuiness, D., and Sparks, J.（1983）: Cognitive style and cognitive maps: Sex differences in representations of a familiar terrain. *Journal of Mental Imagery*, 7, 91-100.

Montello, D. R., and Pick, H. L.（1993）: Integrating knowledge of vertically aligned large-scale spaces. *Environment and Behavior*, 25, 457-484.

Passini, R., Proulx, G., and Rainville, C.（1990）: The spatio-cognitive abilities of the visually impaired population. *Environment and Behavior*, 22, 91-118.

Sadalla, E. K., and Montello, D. R.（1989）: Remembering changes in direction. *Environment and Behavior*, 21, 346-363.

Self, C. M. and Golledge, R. G.（2000）: Sex, gender, and cognitive mapping. Kitchin, R. and S. Freundschuh eds. *Cognitive Mapping: Past, Present and Future*. London: Routledge.

197-220.

Silverman, I., and Philips, K. (1998) : The evolutionary psychology of spatial sex differences. C. Crawford, and D. L. Krebs eds. *Handbook of evolutionary psychology: Ideas, issues, and applications.* Mahwah, New Jersey: Lawrence Erlbaum Associates.

Stumpf, H. and Klieme, E. (1989) : Sex-related differences in spatial ability: More evidence for convergence. *Perceptual and Motor Skills*, 69, 915-921.

Taylor, H. A., and Tversky, B. (1992) : Spatial mental models derived from survey and route descriptions. *Journal of Memory and Language*, 31, 261-292.

Vandenberg, S. G. and Kuse, A. R. (1978) : Mental Rotations, a group test of three-dimensional spatial visualization. *Perceptual and Motor Skills*, 47, 599-60.

Voyer, D., Voyer, S., and Bryden, M. P. (1995) : Magnitude of sex differences in spatial abilities: A meta-analysis and consideration of critical variables. *Psychological Bulletin*, 117, 250-270.

コラムD　女性にとっての地図とハンディキャップ

岡本耕平

　数年前『話を聞かない男，地図が読めない女』（ピーズ・ピーズ，2000）という本が話題になったことがある。ここで「地図の読めない女」という表題の根拠になっていたのは，3次元の図形イメージを頭の中でうまく回転させることができるかどうかを問うメンタルローテーション・テストにおいて男性が女性より成績が上であるという，いくつかの研究結果であった。そして，このことと，地図を見ながら移動するとき女性は進行方向に合わせて地図をしきりに回転させる，つまり地図を固定したままイメージだけを頭の中で回転させることができない，という著者たちの経験談が結びつけられ，「地図が読めない女」という表題になったのだ。

　確かに，生理学などで，性ホルモンのメンタルローテーションへの影響が見出されているようであるが，このことがナヴィゲーション・スキルの男女差に単純に結びつくわけでない[1]。ナヴィゲーションには，方向感覚，知覚，記憶の良し悪しなど，さまざまな要因が関係する。それに，ナヴィゲーションの達人を争うオリエンテーリング競技では，地図を移動方向に合わせて回転させることは，最も重要な技術とされている。そうなると，上記の本の著者たちの経験談は，むしろ女性の方が男性よりナヴィゲーションで優れていることを示していることになる。

　「地図が読めない女」という言い方は，女性は地図を読むのが苦手で，地図を敬遠しがちだというイメージをもたせるが，そんな証拠はない。筆者は，大学生に地図の利用に関してアンケート調査を行ったことがあるが，「あなたは，普段から地図をよく使う方ですか？」「あなたは地図を見るのは好きですか？」のどちらの質問に対しても，回答に男女差は認められなかった（岡本，2002）。女子学生88人のうち23人が地図を見るのが「とても好き」と答えたのであるが，彼女たちがその理由として挙げたのは，例えば「わからない道を通っていて，自分が地図をみてナビをしてあげた時に，行きたい所につけた時がうれしいから」「ドライブが好きなので地図をよく見るから」であり，「地図が読めない女」というイメージからほど遠い。そのほか「頭の中で結びついていない道路など

が地図を見ることで認識できて，おもしろいから」「知らない土地で興味があるから。わくわくする」といった理由もあった。地図好きの男子学生が挙げた理由も似たり寄ったりであり，大きくまとめると，男女とも地図が好きな理由は，①発見，想像の喜び，②俯瞰のおもしろさ，③地図の実用性への肯定，であった。一方，地図を見るのが嫌いな学生が挙げた理由のほとんどが，細かくて読みづらい，読むのが面倒というもので，これについても男女差はなかった。

アンケート結果の中で唯一有意な男女差があったのは，「地図を使わないで知らない場所に行く場合，どうしますか？」という問いであった。女性の多くが「人に聞く」と答えたのに対し，男性では，それ以外の答え，例えば「とにかく歩き回る」「カンにたよる」といった答えが少なからずあった[2]。上記の本の作者たちなら，これをもって「話を聞かない男」の証拠の一つに加えたであろう。

地理学で空間認知の男女差が問題とされるのは，日常的な空間的行動との関連においてである。イギリスの小学生に対する手描き地図調査で，男子のほうが女子より広い範囲を描いたのに対し，女子は自宅のすぐ近くを詳しく描いた（Matthews, 1986：1987）。これは，日常的な行動範囲が男子と女子で異なることを反映している。男子は女子にくらべて遠くの場所への外出が許される。こうした親の躾は，世代を超えて再生産されてきた。

日常的な行動範囲の男女差は，大人においても見られる。特に日本の大都市郊外では男女差が顕著であり，男性の多くが遠距離通勤しているのに対し，女性は専業主婦や自宅近くで就業するパートタイマーである場合が多く，活動の空間的範囲は狭い。しかし，女性は，就業のほか，子供の送り迎えや近所づきあいなどで，近隣を頻繁に移動する（岡本，1995）。アメリカの都市郊外でも同様の傾向が見られる（Hanson and Pratt, 1991）。一方，中国の都市では，社会主義政権下で男女の就業状況が同化したことや，自家用車の保有率がまだ低いことなどから，男女の日常的な行動空間は似かよっている（岡本，2003）

このように様々な社会的要因によって日常的な空間行動が規定されているが，男女の空間的行動の差異を生み出す別の重要な要因がある。「恐怖の空間」の存在である。女性にとっては，犯罪に遭遇するかもしれないという不安のために，都市の中に行けない場所が存在する。あるいは，昼間は行けるが夜には行くことのできない場所がある。ここから生じる女性のハンディキャップは，ジェンダーによるものであると同時に，身体にふりかかるかもしれない恐怖に

起因している点でセックスによるものである。

　これまで様々な文化圏で，親が女の子には遠くへの外出を許してこなかったのは，家事の分担を躾けるためでもあり，事故や犯罪に巻き込まれるのを避けるためでもあった。近年，日本ではゲーム機の普及や塾通いのため男子も外遊びをしなくなった（大西，1998）。そして，親たちは，女子に限らず男子も犯罪に遭遇することを心配するようになった。悲しいことに，こうしたことが原因になって，空間的行動や空間認知の男女差は今後さらに縮小していくのかもしれない。

注

1) 男性ホルモンの一種であるテストステロンの多寡がメンタルローテーション・テストのような限定された空間能力課題の遂行に影響することは，Economist のような雑誌でも取り上げられるようになった（'Men and women think differently. But not that differently' *The Economist*, Aug 3rd 2006）。この記事でも，ナヴィゲーションの能力には男女差がないと指摘している。
2) 　新垣・野島（2001）に同様の指摘がある。

文献

新垣 紀子・野島久雄（2001）:『方向オンチの科学』講談社ブルーバックス．
大西宏治(1998)：岐阜県羽島市における子どもの生活空間の世代間変化．地理学評論，71，679-701．
岡本耕平（1995）：大都市圏郊外住民の日常活動と都市のデイリー・リズム－埼玉県川越市および愛知県日進市の事例－．地理学評論 68，1-26．
岡本耕平(2002)：地図利用調査．若林芳樹編『地図を用いた空間的情報のコミュニケーションと空間移動に関する研究』平成 11・12 年度科学研究費補助金基盤研究（B）(1) 研究成果報告書．
岡本耕平（2003）：生活活動調査からみた中国の都市交通．東京大学人文地理学研究，16，41-53．
ピーズ，A.・ピーズ，B. 著，藤井留美訳（2000）:『話を聞かない男，地図が読めない女：男脳・女脳が「謎」を解く』主婦の友社．
Hanson,S. and Pratt,G.（1991）: Job search and the occupational segregation of women. *Annals of the Association of American Geographers*, 81, 229-253. 神谷浩夫編監訳（2002）:

『ジェンダーの地理学』古今書院.

Matthews, M.H. (1986): The influence of gender on the environmental cognition of young boys and girls. *The Journal of Genetic Psychology*, 147, 295-302.

Matthews, M.H. (1987): Gender, Home Range and Environmental Cognition. *Transactions of the Institute of British Geographers*, New Series, 12, 43-56.

第7章　子どもから見た市街地路上におけるバリア
　　　　－写真撮影による場所の認知－

寺本　潔

1．目的と方法

　子どもが都市空間において生活していく上でどのようなハンディを背負っているのか，という視点から従来，福祉の研究分野において障害児や交通弱者としての子どもといった明確なハンディを背負った視点からの検討は試みられてきた。例えば，視覚障害児の歩行訓練に際して，歩行用触地図の開発に関連して多くの研究実績が積まれている（点字地図記号研究委員会，1984）。しかし，一般の子どもたちも都市空間の利用において一定のハンディキャップを背負っているという視点からの研究は多くはなかった。本来，子どもも都市空間における小さな市民でもあり，市街地路上において自由に行動でき，自由に生活を楽しむ権利を有している。仙田（1984）の研究を待つまでもなく，子どもは都市という空間を独特な視野から認知し，「遊び」という経験領域を中心として，自ら周囲の環境に働きかけ，行動してきた。大人が，アメニティ（快適）環境の創造というフレーズで都市計画として扱ってきた街路上の空間において，子どもたちも「道遊び」や「道草」といったような行為に見られるように，能動的に景観の認知や遊び行為を進めてきたと言えよう（今泉，1999：水月ほか，2001：水月，2006）。

　しかし，児童公園などを除いて一般に道路整備や街角の緑地，看板サインなど大人の視点に立ったハードな環境整備のかげにかくれ，子どもの視点からの都市整備を怠ってきた点は否めない。

　本研究は，子どもという発達段階にある人間が具体的にどのように路上に障害（バリア）を感じているのか，日常の通学路や生活の上で，どんな街角の地物に着目しているのか，といった点を明らかにする目的から，事例研究の一つとして行ったものである。

　調査に当たって採用した方法は，「写真投影法」と「町づくり学習」である。前者は，主に臨床心理の世界で用いられてきた方法であり，子ども自身に写

真機を持たせ，自由に身近な景観の写真を撮って来させ，その画像に写されている場所や地物を検討するといった方法である。この方法の長所は，カメラという極めて手軽で興味深い機器を子ども自身が手にできる点にある。子どもは，一般に，カメラ好きであるため，写すこと自体に興味を持つ。さらに，瞬時に景観を切り取ってくることができ，短時間で歩行しながら，一種の取材行為に似た形で，自らの知覚環境の一部を記録できるメリットがある。

後者の「町づくり学習」とは，近年盛んに行われてきつつある主体者としての市民育成教育の一環として，子ども自らが町の地理的環境を認知し，その環境改善に向けて提案していく学習を指す。

例えば，ハンディキャップ集団として子どもたちが，自分たちの住む都市環境の問題点を認知し，それを学習としてどうしたら良い状況へ変えていけるか，を具体的に考えるきっかけとなっている。アメリカで盛んな City Building Education やイギリスにおける Community Development Education にも通じる方法論である（名古屋都市センター，1998）。

この二つの視点から，本研究で扱った子どもが自ら住環境の改善に向かうプロセスが期待される。

2．調査対象地区の地理的概要と子どもたち

今回，調査対象として選んだ地区は，愛知県西尾市中心部である。西尾市は人口約 10 万人で，近世には六万石を誇る城下町であった。そのため，中心部には古い町並みや城郭，と共に商店や公共施設なども立地している。商工会議所では「小京都」連盟にも西尾市を加入させることで，振興を図っているものの，近年の商業地区の空洞化による都市中心部の寂れ方は急速であり，都市環境としての再整備は立ち遅れている。

調査に当たって被験者としてその地区の中心に位置する西尾市立西尾小学校（児童数　750名）の協力を得て，第4学年児童75名に対して，上記の写真投影法による調査を依頼した。西尾小学校に通学する児童は，日常城下町の環境を目にはしているものの，意識して見つめてはいない。そのため，カメラを渡して景観を撮影してくる依頼自体が，子どもたちにとっては，新たな視点からの一種の学習となってくる。カメラを1児童に1台渡し，その際，撮影の視点として，自宅周辺や通学路において歩いていて困るものや嫌いな場所，改善し

てほしい場所，気になるモノなどを主体に撮影するように依頼した。

　カメラを手渡して後，1週間の期間を撮影に当て，カメラを回収し，その5日後に現像されてきた写真へのコメント記入（撮影場所や撮影理由などの記載）を依頼した。27枚撮りのため，数が多くなるので，その中から，比較的写りのよい写真を15枚選択させ，台紙に貼らせた後，1枚1枚に対して，コメントを記入してもらった。

3．景観写真に写された要素

　西尾小学校4年生75名が撮影し，コメントを記入した総計536枚に及ぶ景観写真を分類したのが，表7-1である。写真の例は，末尾に代表例のみ掲載してあるので，参照してもらいたい。以下，分類項目に沿って，若干の検討を加えてみたい。

3-1．道路上のバリアと景観認知

　西尾市の市街地にも，複雑な歩みを経てきた日本の都市にみられるごく普通の街としての特徴が良く表れている。狭い歩道や暗い街角，歩きにくい坂道，渡りにくい道路など，子どものみならず，大人も感じてしまう不満が写真にも投影されている。「視界が悪い」「路上の段差・凹凸」など整備不良の道路状況がとりわけ多く指摘されている。いくつか，ランダムに子どもの写真へのコメント文を列記してみれば，「夕方塾にいくときにとおる道。ぼこぼこでつまづきそう」「ほそくてこわくていやだ。一人でいるとこわい」「人用の信号がない」「狭くて横に木があっていやな気持ち」「とび出すと見えなのであぶない」「車がよく歩道においてあって人があることころに車がはみ出てくる」「白い線（横断歩道）だけで信号がなくってなかなか通れない」などといった通行に際しての不満が随所に述べられている。

　一般に，児童が毎日行う通学行動や帰宅後の遊び行動の展開にとって，日本の市街地路上は悪化の一途をたどっている。モータリゼーションの進展に伴い，交通量が幹線だけでなく，支線の道路においても激増しつつあり，しかも路上駐車が蔓延している。たとえ幅員の広い舗装路が用意されたとしてもすぐに歩道に沿って路上駐車帯となってしまい，子どもたちがボール遊び一つ自由に遊べない時代に入っている。いわゆる「道あそび」の喪失である。子どもが

表 7-1 子どもが撮影した路上の様々なバリア

	撮影理由	枚数		撮影理由	枚数
道路上	《危険な場所・モノ》		害物	路上の石・岩	2
	視界が悪い	76		看板	2
	路上の段差・凹凸	73		工事現場	2
	歩道や通路が狭い	51		階段	1
	坂	32		小計	81
	側溝やグレーチング	27			
	駐車による歩道占拠	21	その他	《不快なもの・不明物》	
	暗い道	18		意味不明の標識	36
	信号機なし交差点	13		悪臭	25
	車の通行多い	7		生ゴミ	13
	駐車場・車庫出口	7		事故の多い場所	7
	横断歩道なし交差点	5		水たまり	7
	信号点滅時間短い	4		看板が見にくい	5
	歩道やガードレールなし	3		意味のない路上物	4
	人通りがなくて怖い	2		騒音	3
	信号無視車	1		墓地	3
				竹藪	3
	小計	340		空き家	3
障	吠える犬・蜂の巣	43		その他（落書き）	6
	ゴミの放置	14			
	樹木の張り出し	7		小計	115
	放置自転車	7		合計	536
	柵・電柱	7			

写真 7-1 「ここのまがりかどは、車がビューンと走ってくるとあぶないからとまりました。」

第 7 章　子どもから見た市街地路上におけるバリア　151

写真 7-2　「あぶないものがおちてきそう」

写真 7-3　「自転車でとおるときガタガタする」

　安全に路上を歩いたり，楽しんで様々な場所の認知を行ったりできない状況は，子ども自身の認知地図の発達にも影響を与えるであろう。道路からの景観が広く眺められる状況は，子ども自身にとっても「なんだか，ほっとする景色」（4年女子）というコメントにも見られるように今や貴重とも言える。建物が立て込んでおらず，歩道を歩くことが楽しくできる市街地の確保が求められる。室内遊びの増大によって，屋外に子どもたちが出てこない現代，ますます屋外環

写真 7-4 「自転車でよくぶつける」

写真 7-5 「歩道にでているじゃまな自転車」

境における出歩きが減っている。認知地図発達の上からも考慮すべき問題と言えよう。

3-2. 障害物のバリアと景観認知

　写真に現れた景観として，行動を疎外する障害物の類いとして，意外にも「吠える犬」が多くあげられた。子どもたちが日常，通学路で出会う犬は，なつい

写真 7-6 「もう犬注意！すごくこわい」

写真 7-7 「犬のふんがあってきもちわるい」

ている犬は好意的な場所把握の要素として認知に寄与するが，吠える犬については忌避傾向にあり，歩行に支障をきたしている。犬のいる家の前を避けて通るとか，小走りに通り去るとかいう記入が目だった。同様に，蜂の巣の存在も大きい。空き地の藪の中に蜂がいて遊べないとか，軒下の巣が怖くて通れないといった記述がある。

そのほか，路上に樹木の張り出しがあって通りにくい，放置自転車や店の前

写真 7-8 「つまずくといたいのよ〜、足ぶつけた」

写真 7-9 「ここの草むらに入るとたまにハチにさされるかも〜」

の駐輪による通行障害，柵や電柱，石，はみ出し看板，工事現場などの写真が写されている。

　こうした障害物を子どもたちが，写真に撮ってきたことは，通行に邪魔であることを痛切に感じているからであり，野外における子どもたちの出歩きのバリアとして意識したからにほかならない。老朽化した城下町エリアの街路に対して，好意的なコメントはほとんどなかったものの，一部に路上駐車がない道

路に対し，「ほっとする道。なぜかわからないけど」といったような印象を書き加えていることや，古い建物に対して，歴史を感じると答えたごく一部の例が見られた。このことは，城下町といった歴史的な町の厚みをポジティブに感じるきっかけにもつながることから，今後の景観認知において好意・嫌悪感の両面から検討すべき課題を提示している。

3-3. 不快な場所の景観認知

　小学4年生の子どもにとって，街角には様々な不快な場所，理解できない場所がある。例えば，最も多くの子どもたちに指摘された道路交通標識は，確かに一読では意味がわかりづらい内容がある。「軽車両を除く 7 - 19 15 - 17 この先　約150m」などという標識は子どもにとってはほとんど意味が理解されていない。歩行者でもある都市に住む子どもにとって標識の学習は学校の交通安全教室の機会に若干は行われているものの，現代の複雑な交通ルールについては理解に及んでいない。そのほか，道端の悪臭や生ゴミも多く撮影されている。

　そのほか，見にくい看板や意味のない路上物（ブロック片や道路面に埋め込まれた標識）うるさい家，墓地・空き家などの景観に注意を寄せている。子どもの視点は路面に落ちやすく，また心理的な情的空間である墓地や空き家などは市街地に住む子どもにとっても認知しやすい対象なのであろう。

4．考察

4-1. 子どもというハンディ・キャップ

　子どもという存在自体，大人社会から見た対象把握であり，ジェンダーをめぐる問題と類似した点がある。これまで，ジェンダーに関わる社会問題と言えば，女性差別に終始しがちであり，例えば夜道を安全に女性は歩くことができない，などといった問題はジェンダー社会がもたらした都市問題であった。これに比べ，子どもといった存在は大人に守られるべき存在であり，大人に将来なるものの，子ども自身が都市環境において自由に行動でき，成人男性と同じようにその行動権を守られているわけではない。子どもは，必ず大人に付き添ってもらわなくては繁華街に出かけられないとか，学区外に子どもだけででかけてはならない，自転車の2人乗りは禁止，道で遊んではならない，道路を横断するときは車の運転者に見えるように片手を高くあげながら渡らなければなら

ない，などといった制約が子どもには加えられてきた。これらは，子どもであるから生じる一種のハンデイであり，子どもが都市の中で自由に行動できない様々な場面を想起させられる。

駅でキップを買う際に身長が足りないため料金ボタンが押せない，身長が低いために奥行の知覚が苦手であり，遠方から高速で接近する車に気づきにくい，足寸が小さいため，路上の溝やグレーチング，小さな障害物につまづきやすい，子どもであるから歩行者としても軽視され，横断歩道を渡る際にクラクションでせかされる，難解な交通標識を判読できないで，危険な目にあう。子どもは，日中，大人と異なり最も歩行によって市街地を行動している存在であり，その意味で都市環境の認知度が概して大人より高い。しかし，その傾向を生かした環境整備（子どもにとっての歩道，公園，信号機，安心できるコミュニティ）がなされていないなどの問題点が山積している。

4-2. 通学路環境の整備

通学路という空間が全国の小中学校周辺で設定されている。とりわけ，近年交通事故や誘拐痴漢などの事故犯罪防止のため，自治体も通学路の環境整備には関心がある。子どもの駆け込み寺でもある子ども110番の家の認定，交通指導員（緑のおばさん）の増員，歩道の設置，街灯の増設など，安全面に重点をおいた通学路整備が施されている。

しかし，本稿で指摘したような子ども自身の写真撮影による路上空間へのネガティブな評価を参照に通学路整備はなされてはいない。本来，通学路とは安全面だけでなく，いかに気持ち良く子どもという市民が毎日，道を利用できるかといった視点から改善されなくてはならない空間である。本稿で子どもたちが指摘した道路上の様々なバリアは除去されるべき対象が多い。しかも，除去だけでなく，通学路を利用することで，子どもの環境認知が高められ，例えば四季を感じる通学路，友達と会話しながら通える幅員の広い通学路，数人が滞留できる路上のポケット的な空き地，市街地に住む優しい人との触れ合いのある通学路，段差のない歩きやすい通学路，怖い犬や路上に散乱するゴミの少ない快適な通学路，屋外時計や水飲み場の設置などといった視点からの改善への動きに結び付ける必要が地理学や心理学に課せられた課題でもあろう。少なくとも，多くの子どもたちが共通に利用する学校周辺の通学路については，今後，より一層の環境整備がなされる必要がある。通学行動はその子の原風景を形成

する大切な機会でもあることから，ハードのみならずソフトの環境整備にも配慮する必要があろう。

4-3. 都市の環境を対象にした学習活動

被験者の通う西尾小学校では，数年前より筆者のアドバイスにより，都市環境を対象にした「町づくり学習」を「総合的な学習の時間」を活用し，全学年で展開している（寺本・愛知県西尾小学校，2000）。子どもたちが，一人の市民として都市に出かけ，様々な課題を発見し，町づくり資質を高めていくことがねらいとなっている。

この小学校で開発されたプログラムの中には町の改造計画を子どもたちが提案するといった学習活動も組まれているので，以下にその指導の流れと基本コンセプトを描いた図を示しておきたい。

図7-1に示したように，都市空間への愛着・共感・参加・提案といった四段階の資質形成を意図した教育カリキュラムを持っており，最終学年である第6学年において学習する「町改造計画」の内容は基礎的な都市計画学習に類似している。こうした学習を通して子ども自らが自分たちのハンディキャップを意識するきっかけとなっていくことが予想される。

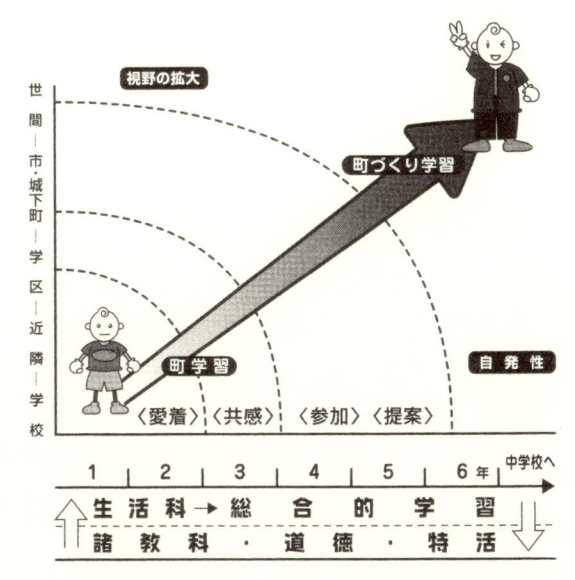

図7-1　西尾市立西尾小学校「町づくり学習」の基本コンセプト
　　　（寺本作成）

■6年単元「西尾 MATCH 改造計画」（授業時間計 75 時間）
町かどウオッチング
校区の歴史を訪ねよう
額縁から見える景観を観賞しよう
街角の気になるものをウオッチング
点検！わが町西尾（路上のバリアを探る）
西尾城下町物語作成
町改造計画を立てよう
ポスターセッションをしよう
町に提案しよう

　子どもたちによる参加型町づくり学習の展開によって，確かに日頃，意識されなかった都市空間の場所を意識するようになった。都市という客観的なとらえでなく，自分たちの町としてバリアの存在も気づくことが大切な教育効果をもっている。こうした学習によって，自分の住む都市への愛着を深め，その問題点に気づき，積極的に町の環境改善に向けて行動していく資質が育ってくる。都市環境の認知が学習によって深められ，バリアの存在を意識化することで，子どもにとっての都市空間の在り方を考えるきっかけを生み出すことができる。

5．おわりに

　子どもというハンディをどう地理学でとらえるのかについての論議は，未だ緒に就いたばかりである。行動地理学の立場から，人は空間を合理的に利用したいとは考えていても様々な物理的，社会的，心理的なバリアによってそうできない状況に追い込まれている。子どもという存在は自らがそうした社会的弱者であるという問題に気づきにくいという点で深刻である。「子どもの権利条約」を持ち出すまでもなく，子どもは自分の居住空間に対する不満や改善案を意見表明できる権利がある。地理学では，具体的な地理空間に即しながら，そういった子どもたちの地理意識を育む手助けをする必要があろう。

文献

荒井良雄・川口太郎・岡本耕平・神谷浩夫編訳（1989）:『生活の空間　都市の時間』古今書院.

今泉邦洋（1999）:『通学路における子どもの道草行動に関する基礎的研究』愛知教育大学地理学教室卒業研究.

岡本耕平（2000）:『都市空間における認知と行動』古今書院.

木下　勇（1996）:『遊びと街のエコロジー』丸善.

仙田　満（1984）:『こどものあそび環境』筑摩書房.

寺本　潔（1994）:『子どもの知覚環境』地人書房.

寺本　潔（1999）:『子供の眼でまちづくり』中央出版.

寺本　潔・愛知県西尾小学校（2000）:『総合学習・町づくり大作戦』明治図書.

名古屋都市センター編集・発行（1998）:『講演記録集，まちで総合学習する－英国における都市学習の進め方と子ども・市民参加のまちづくり講演会』名古屋都市センター.

水月昭道・馬場健彦・南　博文（2001）: 下校時の帰宅路に見られる子どもの遊び行為とみち環境との関係. 住田正樹編『子どもたちの居場所と対人的世界の現在』平成10-12年度科学研究費補助金（基盤研究A（1））研究成果報告書, 153-178.

水月昭道（2006）:『子どもの道草』（居住福祉ブックレット7）東信堂.

ロビン・ムーア他編　吉田・中瀬訳（1995）:『子どものための遊び環境』鹿島出版会.

コラムE　子どもの写真に写るまちを考える
－遊び場としての道路再考－

大西宏治

　子どもたちは古くから道路で地域社会の人々との触れ合いながら，大人になるとはどういうことなのか，地域社会の構成員として生活するとはどういうことなのかを学習していった。また，かつては近所の子どもたちと道路という身近な空間で異年齢の集団を形成しながら遊んでいた。異年齢集団で遊ぶことが人間関係の学習や創造力の形成へとつながったに違いないし，道路で遊ぶ姿を地域社会で暮らす人たちに見守られて成長していった。

　しかし，現在，少子社会が進展し，子どもたちはかつてないほどに安全志向で育てられ，子どもの活動空間が屋内中心となりつつあることが数多くの研究で指摘されている（大西，2000）。活動空間の屋内化の要因として，戸外空間に犯罪や交通事故など様々な危険が存在することや，近年，子どもたちの日常生活に塾通い等の習い事という商品経済が入り込み，子どもどうしで遊び空間と遊び時間を共有することが困難になったこと，そしてビデオゲームの浸透などを挙げることができる。

　屋外遊び場の代表であった道路は，舗装され，都市計画により道路が拡幅，直線化され，遊びに不向きなものとなったと同時に道路は自動車や人の移動に利用するものとの価値観が定着し，子どもの遊びや夏の夕涼みなど，多目的に利用できる空間としてとらえなくなってきた。このようにして，子どもたちがかつて行っていたように道路での様々な活動通じて地域社会を学んだり人間関係を形成したりすることが，現代社会では困難となっていった。

　しかし，遊び場の時代変化に関する調査を行うと，お年寄りから子どもまで，どの世代も道路は重要な遊び場として報告され，遊び場として利用した経験率も時代による大きな差は見られない（大西，1998）。このことは，現代でも大人のわからないところで子どもたちが道路を遊び場として利用していることを示している。

　では子どもたちはどのような道路を遊び場として好むのだろうか。また，子どもたちは道路をどのような場所としてとらえているのだろうか。そのような

疑問を解決する一つの試みとして、筆者は次のような調査を実施したことがある。子どもたちに使い切りカメラを渡し、自分たちの暮らすまちの好きなところや嫌いなところ、普段遊んでいるところを撮影してもらった。子どもの写真を分析することで子どもがまちに注いでいる「まなざし」をかいま見ることができるかもしれないと考え、調査を実施した。また、学齢の上昇に伴い子どものまちへのまなざしがどのように変化するのかも併せて調査しようと考えた。ここで紹介するのは名古屋市守山区の郊外住宅団地の小学校で調査した事例である。2001年12月～1月にかけて調査を実施した。小学3年生31人（男子16人、女子15人）と小学5年生35名（男子16人、女子19人）に使い切りカメラを配布した。

カメラの配布の際、「学区の中の好きなもの、好きな場所、嫌いなもの、嫌いな場所、紹介したいものなどをこのカメラに写してください」と教示を行った。25枚撮りの使い切りカメラを子どもたちに渡したが、3年生に渡したとき「25枚しかとれないし、失敗できないんだ～」と緊張する子どもが何人もいて驚いた。小学校の生活科や総合的な学習の時間で児童たちはまちを歩き、デジカメでまちのいろいろなものを撮影する機会が増えている。デジカメは取り直しができるし、撮影した画像を確認できる。その上、メモリの限り撮影できるので、かなり多くの写真を撮影できる。子どもたちは気楽に何枚も撮影できるデジカメに慣れているため、一発撮りの写真には緊張感を覚えたようである。

子どもたちにカメラを渡してから1週間後に、カメラを回収した。そして、さらにその1週間後にプリントした写真を児童へ返却して、約50分間の授業時間を用いて写真にコメントをつけてもらった。その際、自分の撮影した写真から「ベスト15」を選んでもらい、何を撮影したのか、なぜ撮影したのかを質問紙に説明してもらった。一発撮りの緊張感のためか、25枚全てを使い切った児童は少なかった。

では、子どもの撮影した写真にどのようなものが写っていたのだろうか。その結果が表E-1と表E-2である。集計の際、家屋の中で撮影されたものは全て除外した。まず、小学3年生から5年生になるに従い、撮影されるまちの要素に社会的な要素が増加する。例えば、不法投棄されたゴミ（図E-1）の撮影数は小学3年生から5年生になると上昇する。また、データに詳細は示さなかったが違法駐車の多い道路を撮影する子どもも学齢とともに増加する。この結果は学年の上昇とともに子どもたちは地域社会の問題を明確に認識するようにな

表E-1 小学3年生の撮影した写真の要素

		好き			どちらでもない			嫌い		
		全体	男子	女子	全体	男子	女子	全体	男子	女子
自然的要素	田畑	11	9	2	5	5	0	1	1	0
	川	0	0	0	1	0	1	0	0	0
道路	道路一般	17	8	9	2	2	0	25	13	12
	駐車場	8	8	0	2	2	0	0	0	0
	信号機	3	1	2	1	1	0	1	1	0
	その他	1	0	1	0	0	0	2	1	1
建物・施設	店舗	35	19	16	9	6	3	0	0	0
	公園	80	46	34	31	25	6	13	11	2
	マンション・家屋	10	3	7	0	0	1	0	0	0
	その他	28	22	6	14	8	6	5	2	3
その他	町のパノラマ	10	6	4	0	2	2	2	2	0
	生き物	5	2	3	0	0	0	0	0	0
	ゴミ	0	0	0	0	0	0	2	2	0

(重複して撮影されたものもカウントした)

表E-2 小学5年生の撮影した写真の要素

		好き			どちらでもない			嫌い		
		全体	男子	女子	全体	男子	女子	全体	男子	女子
自然的要素	田畑	1	0	1	0	1	0	0	0	0
	川	16	7	9	10	1	9	12	3	9
道路	道路一般	16	7	9	12	5	7	30	13	17
	駐車場	2	1	1	0	0	0	0	0	0
	信号機	0	0	0	0	0	0	0	0	0
	その他	3	2	1	0	0	0	2	2	0
建物・施設	店舗	63	8	55	12	2	10	2	0	2
	公園	57	33	24	15	9	6	3	2	1
	マンション・家屋	8	4	4	5	5	0	0	0	0
	駅	18	9	9	4	0	4	0	0	0
	工場	9	9	0	16	6	10	6	2	4
	その他	28	11	17	18	15	3	10	10	0
その他	町のパノラマ	4	3	1	4	4	0	0	0	0
	生き物	0	0	0	1	1	0	0	0	0
	ゴミ	0	0	0	0	0	0	32	23	9

(重複して撮影されたものもカウントした)

ることを反映しているものと考えられる。

　写真は子どもたちの遊び空間を反映しており，戸外の遊び空間として公園の撮影数が多い。ただ，公園には遊びに対する制約が多く，小学3年生の中には公園は嫌いだという回答がいくつも見られた。その点，5年生になると，大人びてくるのか，公園が好きだという大人が好みそうな回答が多くなる。また男女差が大きい要素に小学5年生の店舗がある。学齢とともに男女のまちに対す

図E-1　ゴミを撮影した例（小学5年生男子撮影）

図E-2　見通しの悪い道路（小学5年生男子撮影）

るまなざしに違いが生じることをうかがい知ることができる。

　さて，問題の道路であるが，嫌いという負の感情の回答が多いことがわかる。これら負の感情の回答を見ると，「曲がりくねって見通しが悪い」（図E-2），「大きな自動車が走ってくるのが怖い」，「自動車の通行量が多いので道路を渡れない」などのコメントが多く見られた。調査した地域の近くには数多くの工場があり，大型のトラックの通り抜けが多い。その結果，子どもたちにとって道路

図E-3　路上駐車（小学5年生男子撮影）

図E-4　電柱で視界の遮られる道路（小学5年生男子撮影）

が危険で嫌な場所となってしまったのであろう。また，路上駐車に対して，「自転車が走りづらい」，「遊ぶのにじゃま」というコメントが多かった。路上駐車は子どもたちの視界を遮り，道路を利用した活動を展開する際に障害になることがよくわかる（図E-3）。また，電柱など，街灯など視界を遮る構造物は嫌な障害物であることが記述されていた（図E-4）。大人が気にとめない電柱も子どもたちにとっては視界を遮る嫌なものに映るようである。しかしながら，

図E-5　自動車の往来の少ない見通しのよい道（小学5年生男子撮影）

図E-6　道路で遊ぶ風景（小学5年生男子撮影）

　自動車の交通の少ない場所では，子どもたちの遊ぶ様子を記述したコメントも多く，道路は子どもたちにとって魅力的な遊び場でもあり，可能であれば遊びたい場所であることがわかる（図E-5）。実際，自動車の往来の少ない道路では子どもたちが遊ぶ様子が撮影されている（図E-6）。

　データを充分に吟味した訳ではないが，写真やコメントを見ると，次のようなことを推測することができる。子どもたちは，小学3年生ぐらいまで，次

の瞬間にどのようなことが起こるのかを予想しながら行動することが苦手であり，視野の中で捉えられる情報のみで行動する傾向にあるのではないだろうか。このため，見通しの悪い交差点は当然嫌いだが，少しでも視界を遮るようなもののある場所，例えば電柱や街灯などで視界が分断される場所は苦手である。

しかし，道路は平らで，細長く伸びる空間であるので，ボール遊びやその他様々な活動を行うには便利な場所である。そのため，自動車の往来が少なく，見通しのよい道は子どもたちが遊び場として活用できるから，「好き」という評価も一定数存在するのであろう。

写真には子どもの視点も反映されている。小学3年生から5年生になるに従い，写真を撮影する際の視点はどのように変化するのだろうか。小学3年生では，特定のものに注目し，接近して撮影した写真が大変多い。例えば，公園を撮影するのであれば公園の内部の遊具に着目して撮影し，店舗を撮影するのであれば，店舗のみに注目して撮影する写真が多い。それに対して小学5年生では，公園全体を撮影するケースや，店舗を撮影するのでも駅前にあることがわかるようなアングルを探して撮影するケースがいくつも現れる。小学3年生ではまちを見る視点が近視眼的であるが，小学5年生になると，まち全体を眺めるような視点を獲得し，その視点を反映した写真を撮影しようとするのではないだろうか。ただ，近視眼的にまちを見る視点がいわゆる子どもらしいまなざしを表しており，まちのおもしろい魅力を発見しようとする際，大変有効な視点である。

さて，ここまで子どもの撮影した写真について簡単な分析を加えてきたが，それを踏まえて，どのようにすれば道路が子どもたちの遊び場としてよみがえるのか考えてみたい。冒頭にも示したとおり，子どもどうしが出会い，一緒に遊び，さらに近隣コミュニティを学ぶ場として道路は重要な役割を果たすはずである。

道路を遊び場として復権させることを考える場合，現代社会では自動車は不可欠な存在であるため，子どもの遊びと自動車交通を道路の上で共存させる戦略を考えなければならない。自動車と子どもの共存に関する技術的な取り組みでは自動車が住宅街を通過する際，スピードを落とさざるを得ないような道路デザインが全国各地で数多く採用され，「コミュニティ道路」等の名称で実施されている。

しかし，技術的な取り組みだけではなく，市民の道路に対する認識を改めて

いかなければならないかもしれない。現在，道路は危険だから遊んではいけないという共通認識が社会の中にあるが，見通しの良い，交通量の少ない道路ならば充分に遊ぶことは可能である。また，子どもの遊ぶ姿が多くの地域住民の眼にふれるため，道路は子どもにとって不審者対策の観点からも安全空間となりうるかもしれない。そのような道路で子どもが遊ぶことを容認するような社会の仕組みが必要である。同時に危険な道路では遊べないことも子どもたちに教育していく必要もある。また，今の子どもたちは自分の暮らすまちをよく知らない（寺本，2002）。実際に遊ぶことができる道路が近隣に存在しても子どもたちが知らなければ集い，遊ぶことはできない。そこで，子どもたちにまちを歩き，まちを知ってもらえるようなイベントや学習活動を行う必要があるのではないだろうか。小学校の生活科や総合的な学習の時間でまちを探検する活動を実施することで，子どもたちに身近な遊び場や遊ぶことのできる道路を知るきっかけを与える必要があるのかもしれない。まちを歩き，まちを知る学習活動は，現代社会に生きる大人たちにも必要なのかもしれない。

　近年，まちづくりに市民が参画する機会が増えつつある。子どもたちも市民である。子どもたちは大人とは異なるユニークなまなざしでまちを見つめている。子どもたちのまなざしに写るまちがどのようなものなのかを解明していくことで，まちづくりにユニークなアイディアを付加することができるかもしれない。そして，子どもたちの住みよいまちを考えることが多くの人にとって住み良いまちをつくることにつながるであろう。

文献

大西宏治（1998）：岐阜県羽島市における子どもの生活空間の世代間変化．地理学評論 71，679-701．
大西宏治（2000）：子どもの地理学－その成果と課題－．人文地理 52-2，39-62．
寺本　潔（2002）：『地図の学力』明治図書．
寺本　潔・大西宏治（1995）：子どもは身近な世界をどう感じているか－手描き地図と写真投影法による知覚環境把握の試み－．愛知教育大学研究報告 44（人文科学），101-117．

第8章　都心周辺部で高齢者が一人で暮らすということ
－東京都文京区シルバーピア入住者のエイジングの空間－

西　律子

1．はじめに

「昨日までできたことが，今日はできなくなる。となれば，昨日までの暮らしの型をくずし，新たにつくりかえねばならない。入れ歯を入れれば，その使い方に工夫がいる。耳が聞こえなくなれば，相手の口の動きで判断する必要が生まれる。足腰が衰えれば，立ち居ふるまいに力を抜くカンやコツを身につけなければならない。老人の毎日は，創造の連続である。暮らしの自在さを獲得する営みの日々といってもよい。」（天野正子著『老いの近代』より）

　高齢期にある人たちは，一般的に身体的な機能が衰えた，あるいは衰え始めた人として一つに括られ，福祉のまちづくりを行っていく際など，配慮すべき者として扱われる傾向にある。介護保険制度によって全国一律の身体機能評価指標が導入され，この傾向が特に強まった感がある。しかしながら，筆者がこれまで研究の対象としてきた，都心周辺部に単身で「老い」を生きる人々を思い浮かべてみると，彼（女）らを画一的に「弱者」あるいは「支えられる者」として括ることには抵抗を感じる。例えば，今回の調査で対象とした東京都文京区シルバーピア（高齢者向け集合住宅）入住者の多くは，そのような状況のなかで，日々の生活に新たに加わった様々な面での困難を，生活にうまく取り込んで暮らしているという印象が強い。

　高齢化の進展のなかで，高齢者の単身世帯は確実に増えてきている（東京都，2001）が，「高齢者は家族に養われる者」という社会通念が今だ根強く残る今日，一人暮らしの高齢者は少数派であり，ある種の「逸脱者」でもある。シルバーピアは，高齢や一人暮らしを理由に民間の賃貸契約を拒まれた，居住する住宅に困窮する高齢者に，一生活者，一地域住民として暮らすことのできる最期の砦を提供している。本稿の目的は，高齢期の生き方，生活の仕方として，一人で暮らすことを選択したシルバーピアの高齢者が，様々な関係性のなかでどのような生活をしているか，何が制約要因となっているのかを明らかにすること

である。そして同時に，エイジングのプロセスと，一人暮らしという生き方の選択が相互にどのように関係し，また影響し合うのかについても検討を加えていきたい。

2．調査地域・シルバーピアの概要

　本研究で対象としたシルバーピアが立地する文京区の特徴を捉えてみたい。文京区は，東京都の都心3区（千代田，中央，港各区）の北西部にある，人口約17万，高齢化率18％を上回る地域である。東京ドームをはじめ，都心型の遊戯施設がある一方で，オフィス，学校施設，大学付属病院が集積している。全国的に最も集積する印刷・出版業，製本業はパソコンの普及によって厳しい状況にあり，伝統的な商店街の衰退が著しいところもある。交通面では，JR山の手線が区の北部を走るが，ターミナル駅はない。新たに開通した大江戸線を含む6本の地下鉄とバスが，区民の足となっている。東京の台地と低地を分ける境界があり，坂の多い地域として有名である。

　『第33回文京の統計』（文京区，2001），『文京区地域福祉計画』（文京区，2000）に従って高齢者に着目してみよう。東京都23区の中で，台東，千代田，荒川，北の4区につぎ高齢化率が高い。また，区内で高齢化率にはかなりのばらつきがあり，高い町丁目では26％を越えている（2001年1月現在）。近年では，特に後期高齢者（75歳以上）の増加が目立つ。また，一人暮らし高齢者世帯は，高齢者がいる世帯の約30％を占めている。このような状況のなかで，『文京区地域福祉計画』（文京区，2000）に基づいて高齢者に対する施策が展開されている。

　シルバーピアは，高齢者が住み慣れた地域に住み続けられるよう，高齢者の身体に配慮した設備や福祉サービスが提供される集合住宅である。小川（2000）が提示しているように，シルバーピア制度は東京都独自の事業であり，「国のシルバーハウジング構想を踏まえながらも，大都市である東京の特性を考慮し，かつ在宅高齢者福祉施策と結びつけた高齢者集合住宅の建設を志向する制度」となっている。昭和62年に開始されたこの事業の実施主体は区市町村であり，東京都，区市町村，借り上げ住宅を提供する民間主体，住宅・都市整備公団と協力して行われている。建築費の一部に対しては国と東京都から，管理人の設置費や機器の設置に対しては東京都から補助金がでるしくみとなっている。

　文京区における入居対象者は住宅に困窮する65歳以上の高齢者であり，一

定期間以上区内に在住し，自立して日常生活を営めること，収入が公営住宅法施行令に定められた範囲内であることなどが入居資格となっている。文京区では，単身世帯用，二人世帯用があり，9カ所設置されている（2001年3月現在）。一つの住宅にはおおむね20世帯が居住している。住宅という単独の建物だけではなく，住宅と高齢者在宅センターとの併設，特別養護老人ホームとの併設といった建物があり，必要に応じて併設施設からサービスが提供される仕組みが想定されている。また，この住宅の大きな特徴として，生活協力員（管理人）が建物内に常駐し，緊急時の対応にあたることがあげられる。区内には木賃アパートの建て替えや高齢を理由とした，家主からの立ち退き要求によって次の住まい場所に困窮する高齢者が多いが，こういった集合住宅の供給数は需要に追いつかないというのが現状である。

調査対象とした入住者は，区内9カ所のシルバーピアのうち，3カ所，18世帯である。3カ所のシルバーピアは表8-1のとおりである。単身高齢者の生活を具体的な都市空間と結びつけて論じたいが，プライバシー保護のため，固有名詞や所在地を明らかにすることができないことを，あらかじめ断っておきたい。

表中のⅰ住宅は，寺の多い閑静な住宅地の一角に立地している。併設された高齢者在宅サービスセンターには，近所の高齢者が週2日の割合で，送迎バスなどを利用して通って来ている。現在，住宅の居住者は，介護保険の手続きを行う以外，このセンターで実施されているデイサービスの利用はなく，通所利用者との交流はない。住宅部分に設置された，近隣にも開放された集会室で催される高齢者対象の手芸教室，書道教室へは参加している人もいる。また，通所利用者が欠席した時に不用となる昼の弁当を実費で購入している人もいる。半径300mの範囲内にコンビニエンスストアがあり，居住者の多くはここで食料品等を購入している。遠出するには，二つの地下鉄か，あるいはバスを乗り継いで行くという方法がとられている。

ⅱ住宅は大通りから少しはなれた，閑静な住宅街にある。傾斜地に建てられているため，1階部分は玄関からみると1階分下に位置している。この1階に集会室が設けられているが，近隣の住人が利用するということはない。管理人が居住者相互の交流を図る目的で，年に3回，お花見会などの行事を行っている。大通りを隔てて向こう側に地下鉄の駅があり，日常品の購入は駅周辺の商店で間に合う。大学が近くにあるため，ファーストフードの店も含め飲食店は

表 8-1　調査対象としたシルバーピア

	入居開始年	建物構造	居室数	併設施設
ⅰ住宅 （区営）	平成7年	地上3階建て	単身12 二人世帯2	高齢者住宅サービス センター
ⅱ住宅 （区営）	平成5年	地上4階建て	単身18 二人世帯1	
ⅲ住宅* （都営）	平成10年	地上5階建て	単身18 二人世帯2	高齢者住宅サービス センター，在宅介護 支援センター

＊　ⅲ住宅は都営住宅の建物のうち，20世帯分がシルバーピア（高齢者集合住宅）として特別な設備が設計されている。20世帯のうち，10世帯が文京区の割り当て分である。

かなりそろっている。

　ⅲ住宅は5階部分から都市型遊戯施設の屋根が大きく見える，高台に立地している。大通りから少し入っているせいか，通りの喧騒は聞こえない。大通り近辺はオフィス等が入ったビルが林立しており，日常品を売る商店が少ない。地下鉄は3路線が利用可能であるが，南北方向の使い勝手に比べ，東西を結ぶ交通網はバスに頼るという状況である。

3．居住空間と「ライフヒストリー」

　高齢者の居住に関しては，工藤ほか（1998）や橘ほか（1997），斎藤ほか（2000）らが指摘しているように，建築学や都市計画の分野を中心に研究が蓄積されてきた。それらは主体としての高齢者より，居住地の問題点，地域施設・サービス計画といった高齢者を取り巻く居住環境とその整備に重点が置かれてきた。そういった展開のなかで，近年，高齢者と地域との関わりを捉えるために，買い物や通院といった日常の行動のルートとルート選択の理由を押え，高齢者が生活する環境が，機能的環境だけではなく，個人的に意味ある環境であることを考察した研究（橘・高橋，1997），高齢者の居住地移動に伴う，転居先での適応プロセスを捉えるために，外出行動と親族，知人といった人的交流から地域環境との関わりを考察した研究（斎藤ほか，2000）がなされてきている。一方，社会学の分野では，高齢者の日常生活を捉えるのに，個人のパーソナルネット

ワーク，ソーシャルネットワークに焦点があてられてきた（工藤ほか，1998）。浅川（1997），浅川ほか（1997），森岡（1997）の研究は，個人としての高齢者とパーソナルネットワークの空間的広がりや都市化との関係性において分析することによって日常生活を捉えようとする。しかし，物理的な環境や地域の持つ特性を含めた高齢者の生活に関しては研究成果があまりみられない（工藤ほか，1998）。

　本稿では，物理的環境，社会的環境双方を視野に入れ，総体としての高齢者の生活を捉えることを試みる。そこで，まず本稿で扱う居住空間という用語とカテゴリーについて定義しておきたい[1]。「居住」とは，一番ヶ瀬（1996）が言うように，「ある場所に住むこと」であり，また同時に「そこにおいて生じる住み心地」を含む。主体としての自己を出発点として，住宅を中心に物理的空間上に展開される，日々の活動，人間関係，社会的・経済的関係，近隣社会を含むものであり，同時に意味の領域でもある。

　さて，この居住空間を捉える手法として筆者は「ライフヒストリー」を用いる。「ライフヒストリー」を素材とした研究は，湯澤（2001）が指摘しているように，近年社会学をはじめ，歴史学の分野で多くの注目を集めている。地理学においても，積極的に「ライフヒストリー」を素材とし，ある一定の時代における一つの産業や地域像を分析するという研究が現われてきている（松井，2000；湯澤，2001）。高齢者の居住に関する研究では，主体性や主観といった個人レベルに焦点をあてた，定性的研究が現われてきているが，Pain et al.（2000）の研究のように，過去の職歴や友人関係構築の経緯といった，過去の生活と現在の生活とのつながりに着目したものは少ない。

　佐藤（1995）が示すように，「ライフヒストリー」は三つの戦略を有している。一つには，個人を総合体として捉え，さらに社会諸関係が複雑に集積する「場」として捉えること，二つ目に「私生活」という私的領域を問題とするが，人間は関係的・社会的存在であるため，この私的領域には歴史的・社会的な規定力が刻み込まれていること，そして三つ目が調査者―被調査者との相互作用である。口述は被調査者の意識の表象であり，主体性，現実性，現場性を有するということである。さらに佐藤（2000）は，「ライフヒストリー」を含むモノグラフにおいて，口調といった生の表現がかなりのまとまりをもって引用されることで，他の言葉では置き換えられないリアリティを保つだけではなく，研究者を含めた他者からの概念化の根拠や範囲を明らかにすることにもなることを

指摘している。

　それでは,「ライフヒストリー」を手法として用いることが，高齢者の居住空間を捉える際に，どのようにその有効性を発揮しうるのであろうか。先に示したように，居住空間とは，高齢者の生活の総体であり，高齢者の意識や行動といった主体的，主観的側面から高齢者を取り巻く制度や社会構造といったものまでを含んでいると言える。従来，不可視的な側面として充分には考察の対象とされてはこなかった主観的な側面へのアプローチが，この手法であると考える。さらに，個人の生活経験は，長年にわたる経験の蓄積によってつくりあげられているものであり，現在の生活はこの経験の蓄積に深く根ざしている。それゆえにこの手法を用いることによって，現在の生活と過去における経験の蓄積とを有機的に結びつけることが可能になる。また，戦略の三つ目に関連するが，高齢者自身が自らの生活，人生の経験を語るということが大きな意味を持つ。自ら自分の人生を語ることで，人生の経験が再構築され，そのことを通して自己のアイデンティティが確立されるのである。

　しかしながら，調査者と調査対象者との相互作用である以上，調査者の恣意性，調査の信頼性も問われることになる。調査者はあくまで特定の意図を持って調査にあたっているのであり，調査者が相互作用の方向性をつけていってしまう危険性が存在する。また一方で，株本 (2000) が取り上げているように，人が語る人生は自分の人生を自分自身に納得させる「物語としての人生」であり，他人である調査者に語る人生は「他人に向けられた脚色された人生」である (井上, 1996) ことも，手法の限界として認識しておく必要がある。

　以下の考察に用いる資料は，2001 年 2, 3 月に筆者が東京都文京区内で行った，主として単身高齢者に対する個別の聞き取り調査の結果である。調査では調査者対調査対象者，1 対 1 という関係のなかで，原則として調査対象者の自宅 (自室) で聞き取りを行った。質問内容は，調査対象者の属性，シルバーピアに入居した経緯，現在の生活状況，血縁，知人・友人との関係，人生経験，介護保険に対する考えや利用状況，今後の生活展望などである。聞き取りにあたっては，調査対象者が語りたいという内容を重視しながら，可能な限り先の質問を行った。調査対象者の許可を得られた場合はテープレコーダーに録音したが，録音を拒否されたケースでは，口調を生かしながら現場でメモをとり，調査日中にメモをもとに語りを文字化した。

4. シルバーピア入住者の居住空間

　シルバーピアの入住者は、それぞれのライフパスの中で、年齢、身体等の状況、入居理由などが異なっており、取り上げる3人も年齢、身体機能のレベルなど様々である。
　それでは、それぞれの語りをもとに、3人の居住空間を具体的にみていく。この3人は、調査の意図を充分に理解し、現在の自分、そしてそこに至るまでの時間・空間、人間関係を整理して、まとまった形で語ってくれた。
　なお、各人の語りは本人の意向を反映しながら、編集を加えてある[2]。

4-1．Aさん（90代，女性，i住宅）の事例

　Aさんはi住宅では最高齢である。一昨年体調を崩し入院、昨年の暮れもベットから転落し、腰の打撲で入院した。検査で腸の疾病がわかり、全身麻酔の手術を行い、病院で歩行のリハビリを受けて住宅に戻ってきた。退院後は室内でも多脚型杖を用いての歩行になった。小柄であり、前かがみの姿勢のため、台所での作業がしずらいが、高めの椅子を用意して、半分腰をかけながら調理や洗いものをこなしている。調理で床に散らかったものを一つ一つ拾い、また生ごみの処理、トイレの掃除も自分でこまめに行っている。現在のところ、介護保険制度では、要介護1に認定されている。今のところ、排泄は自力でできるが、腸の病気のため、また万が一のことを考えて紙おむつを使用している。かかりつけの医院が往診、訪問看護をしてくれるので、特別の検査以外は通院していない。ヘルパー、看護師、区内に住む長男とその息子が定期的に訪問している。生活のほとんどが自宅内で営まれている。
　「ヘルパーさん、いい人が来てくれてますから、助かってますよ。でもねえ、来てくれる日がねえ、火、金、日の3日でしょ。日曜に来てもらっても、近くのスーパーはやってないし、だから掃除してもらうだけになっちゃうからねえ。4月から曜日を変えてもらおうって思ってるんですよ。介護1（要介護1）ですからね、週2日で、1回2時間でしょ。2時間じゃあ、何にもできませんよ。ここらじゃお魚の鮮度が悪くてね、遠くのスーパーまで行ってもらったら、それで（2時間のサービスは）終わりでしょ。ですからね、お魚は孫に日曜日に届けてもらってるんですよ。少しの蓄えから払ってますからね。お金がなくなったら、一人じゃあ生活できませんよ。・・・年寄りは臭くて汚いって思われる

のはいやですからね，一人でいる時間が長いですからねえ，急に倒れたりした時粗相をしないように（おむつを）してますよ。・・・こうやって生活するのは正直言って，しんどいですよ，一人で暮らすってことは。でもね，40代のころから，老後は一人で暮らすって決めてましたから。一人で気兼ねなく暮らせるってことはいいもんですよ。気兼ねしながら生きるってえのはね。亡くなるのは病院ですから。それまでここで，ここで終わりたいと。・・・全部自分でやらなくちゃあならないでしょ，時々生きてることが面倒になることもありますよ。」

　Aさんは，現在右肩から腕にかけ，かなりの痛みを訴え，痛み止めの薬とその副作用のため胃の薬を毎日欠かさず服用している。何種類にも及ぶ薬は，毎回分が分かるように子袋に入れて管理している。Aさんは，東京の下町で生まれ育った。関東大震災，東京大空襲と二度にわたる災難で，肉親や家財を失った。役人であった夫は太平洋戦争の終戦の年に病死し，官庁関係の要人が宿泊する施設や旅館で管理人の仕事をしながら三人の子どもを養育した。文京区に居住していた弟が区内で引越し，その家を譲り受け，長男の結婚を契機に家を長男に譲り，60代で一人暮らしを始めた。区内で何回も引越しをしている。

　「弟とは2歳違いだったんですよ。その弟も先逝きましたからねえ。あれですね，ほんとに何回死にそこなったか。だから少々のことではびくともしませんよ。・・・ここに来てから4, 5年になりますね。前は（区内でも）もっと北の方にいたんですよ。地下鉄駅のとこの，教育施設の隣の坂道をずっと下ってって，そうするってえと，広い緑地てえとこに出て，右が広い緑地の塀で，そこを上がってって突き当たりに学校があって，そこを左に曲がって5, 6件のとこにいたんですよ。2階に二つ，6畳にあたしがいて，もう一つは床屋さんの荷物置き場になってて，下は障害者が手に職をつけるとこになってて。昼間は人がいますけど，夜は一人でしたからね。一人暮らしの人のお話相手って人が区役所から来て，親切な方でね。その人が区役所が貸してくれる電話があるって，区役所にもその人が行ってくれて。何かご不自由なことはないですかって，ヘルパーさんも紹介してくれて。・・・4回目の更新（賃貸契約）の時，大家さんが建て替えでって。そん時はもう60歳でも周旋屋（不動産屋）で貸してくれませんでしたからね。区役所にお願いして。引越したんですよ。1, 2カ月なら息子んとこでもいいですけど，息子に迷惑かけられないし，自分でそうやってきましたからね。・・・（シルバーピアの公募で）2回補欠になってね。

ここに申し込んだ時は入れないじゃあないかって思ってましたね。…ここ（文京区）はね，弟も住んでたし，手芸教室とか開いて教えたりしてね。そういうところですからね。やっぱしここ（文京区）ですよ。」

Aさんは，86歳まで，三味線の稽古を続けてきた。お稽古を通して親しい友達が何人かいたが，現在は相手も高齢となり，電話での交流である。

4-2. Bさん（70代，男性，ⅱ住宅）の事例

Bさんは心臓疾患を除けば，身体に不自由はなく，家事一切を自分で行って生活している。掃除を日課としており，部屋も整頓されている。持ち物が少なく，その分部屋が広く感じられる。

「ここに来て1年半になりますね。あたくしね，住んでたところが借家だったんですよ。追い出されたというか，この年齢じゃあ貸してくれませんからねえ。年寄りは条件悪いです。それで区役所にお願いしてここに入居したわけなんですが。2年ぐらいかかりましたね。（大きな）神社のすぐ近く，あそこが生まれ育ったとこなんです。家族全部死んじゃったからね，あたくし一人になっちゃったんです。子どもいないでしょ。家内が先逝っちゃったから。もう17年（亡くなってから）。うちの親父は商売してたんです。あたくしは電気の学校出たから，電気設備の会社に勤めてたんですよ。建物の内線のほうで。30年ぐらいおりましたね。主に新宿界隈の高層ビルをやったですよね。・・・前に居た所は親父が震災の時からいるとこだったから。古い家がまだ4,5件残ってますね。子どものころから遊んだような連中もまだいるしね。下町的なところでね。」

現在は年金で生活しているが，これから先に必要となる金銭のことを考え，近くの中学校で週2日夜間警備の仕事をしている。

「（勤めのない日は）午後から，近くに寿会館（老人会館）あんでしょ，そこ行って風呂入って。週2日，3日ですね。ここのところ，めんどくさくて。作るのはいいんだけど，片付けるのがめんどくさくて。風呂もあとの掃除が面倒だから銭湯に行っちゃう。すぐそこにあるから。この界隈印刷工場が多かったからね。銭湯があるから。買い物たって自転車でちょこっと買ってくるぐらいだから。道路（6車線の大通り）のこっち側ですから。仕方なくコンビニですませて。コンビニなんてね，前は行ったことなかったですけどね。味がねえ。でもみんなそろってますから便利ですよ。・・・月に1回はもと居た所の床屋へ行って。

昔からの床屋があるから。顔なじみだから。そこに決めてるんですよ。」

　Ｂさんは，心臓疾患のため，自転車での坂道の上り，地下鉄の階段昇降が負担となってきている。

「（地下鉄で２駅先の）Ｓスーパーが火曜日が５％引きなんですよ。それ狙って。地下鉄で行って。そうすると牛乳とかもいろいろ買ってきて。安く済むからね。荷物は重たいでしょ，地下鉄の階段の上りがね，きついですよ。ここ（の駅）はなんか知らないけどやたらと深いでしょ。階段下りてって改札通って，また階段でしょ。エスカレーターは途中しかないし。あれ，なんで途中までなのかね。隣の駅は階段が少ないんですよ。たまに一つ手前で降りて歩いてね。無理しないから。地下鉄利用してる人は少ないんじゃないかなあ。階段がね，年寄りにはきついですよ。新しい地下鉄ができて，都バスがなくなっちゃったところがあって，ここから区役所まで，前は一本でいけたのに，乗り継がなきゃ行けなくなっちゃったからね。・・・今心臓が悪いんですよ。血圧も高いし。心筋梗塞やってるからね。去年か。ここに来てから。入院もしたし，１週間ぐらいだったけど。だから坂道がきついんですよ。病院へはバスで行ったり，自転車で行ったりして。自転車だと待たなくてすむから早いでしょ。行きは坂下りてくから７分ぐらいで行けちゃうからね。帰りがね。自転車押してくるのもきついですよ。」

　Ｂさんの場合，親戚との行き来はほとんどなく，交友と呼べるものは，近所の寿会館でしかない。他人を頼ることなく生活しているＢさんの情報源はテレビと文京区の区報である。

「みんな（寿会館に来る人）元気ですよ。７０代から８０代の人が多いかな。会って話すのは，戦争の話とか，どこで何が安いとか，お地蔵さんがどうとか。（ここへは）一回行ってみたいなって話はするけど，（みんなが）来たことないですよ。・・・今んとこは自分で動けるから。・・・親戚でもみんな遠ざかってきてるしね。一人になってからね。何かあった時にしなきゃなんないってことでノータッチでいこうってやつですよ。年取ってきてますからね，みんな。前のところには来てたけど，ここへは来ない。ここに入る時，保証人とかね，親戚の名前とか借りましたけどね。・・・隣の人とも話したことないですよ。会う機会がないんですよ。居るのか居ないのか，何してんだかさっぱりわからない。（住宅内の人とは）会って挨拶するぐらいで。何かあって，最終的には管理人さんに頼むしかないですよ。動けなくなったら，ヘルパーとかサービスとか頼

まないといけないでしょうね。・・・年とって楽しまなきゃなんないのに，逆でしょ。みんな死んじゃったから。子どももいないし。これで死んじゃったら，誰が葬式してくれんのかって考えるし。その日がよければいいってふうに考えて暮らしてますよ。・・・何もしないとボケちゃうからね，何かしたいなあって思って。パソコンなんかいいかなあってね。触ったことないからね。持ってないし。こないだから区報で，安くで教えてくれるとこ，探してるんですけどね。もう5年早けりゃもっとよかったけど，まず始めたほうがいいって思ってね。」

4-3．Cさん（80代，女性，iii住宅）の事例

　Cさんは，生命保険会社を定年で辞め，退職金を使ってカラオケスナックを開き，20年あまり経営者として働いてきた。当時はそれなりの収入があり，賃貸マンションに入っていたが，体調を崩し，店を閉店してから，家賃が負担となり，民間アパートに移り，シルバーピアに10回ほど応募して，ようやく入居することができた。

　「退職金を使ってカラオケスナックをはじめたんですよ。弟が60歳で亡くなったんですけど，10歳年下の嫁が手伝ってくれましてね。20年ですか。夕方6時から明け方までお店開いて，明け方帰ってくるという生活を続けてきましたから。体がぼろぼろになって。心臓を悪くしまして。もう12年間薬を飲み続けてますよ。働いている時は（区内の）賃貸マンションにいたんですよ。働けなくなったでしょ。高い家賃払えませんからね。もうどっこも貸してくれないんですよ。（区内の）周旋屋なんかね，赤字で女性に限るって書いてあるから，行ってみるとね，55歳ぐらいまでだって。年齢いった人は駄目ですって。そんならそう書いときなさいって怒ったの。・・・戦前戦後とほんとにてんてん，てんてんとねえ。」

　Cさんは心臓病に加え，昨年の春，肺に疾患が見つかり，1カ月ほど入院し手術を受けた。入院中は，生命保険会社時代の同僚が支援してくれた。

　「入院の時に，管理人さんが本当によくしてくれましてね。いろいろと準備がいりますからね。入院ははじめてなもんですからね。・・・体を切ってしまうとだめですね。・・・入院中は，友達が本当によくしてくれてね。好き嫌いがあるからって，私の好きなスープとか持ってきてくれてね。（区内で）お店をやってますから。ご主人と二人でやってますからね。お店の休み時間を利用

して来てくれるんですよ。弟の嫁が都内にいますけどね，そうちょくちょくはこれないでしょ。遠くの親戚より近くの他人っていいますけど，本当にありがたいことですよ。」

　Cさんは，父親を早くに亡くし，母親が女手一つでCさんと弟を育てあげた。そのような経験の蓄積のある文京区という地域が，Cさんにとって大きな意味を持つ。

「私もともと文京区の生まれなんです。震災にあったのが3歳の時で女学校まで出たんですよ。父が早く亡くなりましたでしょ。母は0歳と3歳の子どもを抱えているわけでしょ。一人で育てるのは大変だろうからって再婚の話もたくさんあったんですけど，どんなに苦労しても自分の手で育てるっていって，再婚せずに私たち兄弟を育ててくれました。女学校も出してくれたんですよ。だからね，母親への執着はすごいものがありましたよ。母親は絶対でしたね。ちょうど（私が）30代のころでしたよ，母親が入院して。我がままな人でしたから，大部屋は嫌だってことで。その支払いで，こっちは昼間は生命保険会社で働いて，夜は知り合いのお店で手伝ってほしいって言われて働いて。弟は家庭を持ってて子どももいましたからね。ねえさん，お願いって支払いはこっちでね。・・・母親は晩年は心臓発作を起こしましてね，3回目の発作でね，病院で亡くなりました。ショックでしたね。ああ，これで天涯孤独になったなあって思いましたね。・・・なんかそういうところですからね。ここから（文京区から）出ようなんて思ったことないですよ。」

　Cさんは幼少の頃から小食であり，また，シルバーピアの電熱式のコンロの使い勝手が悪いため，まったく調理をしない。

「電気のレンジ（コンロ），封印してあるんですよ。やっぱりガスでなきゃねえ。だからね，調理はしません。電子レンジと電気ポットとトースターがあれば充分。近くのコンビニに行けば，こう小さくパックしたおかずがたくさんあるでしょ，それとご飯もパックされてますからね。それを買って。（コンビニは）年がら年中開いてますから。お茶やコーヒーは好きですからね，いつでもすぐ飲めるように，立ったり座ったり何回もしないように，カップや急須を傍に（朱塗りの容器の中に）置いてるんですよ。お友達が来てもすぐお茶を差し上げることができるでしょ。リハビリは区内の診療所で見てもらってますからね。ここからはバスを二つ乗り継いでね。雨の日は早めに出て。途中の坂で滑らないようにね。大通りを渡るのも気を使いますよ。バスですよ。地下鉄はね，地上

に出てくるまでに，えらく時間がかかるらしいですから。下るのも上がるのも膝が痛いですしね。前はバスや国鉄（JR）で池袋や東京駅まで行って，好きなかまぼことかよく買ってきたんですけど，今はその気力がなくて。お友達に頼んで買ってきてもらったりして。・・・具合が悪くて起きられないことがあるでしょ。小魚は食べられますからね。いわしの干したのとか冷蔵庫に入れてるんですよ。お友達のレストランには週に1回顔を出して。食べられるものは少ないけれど，顔を見せとかないと心配するでしょ。ここから歩いて10分もかかりませんからね。」

Cさんは，かつての同僚やお店時代の気の合ったお客さんとの交流を維持しているとともに，住宅内での交友関係も大切にしている。住宅内ではシルバーピアの居住者と一般の都営住宅居住者を分け隔てなく付き合っている。

「男性のお部屋にいくには気をつかいますね。最初はそうじゃなかったんですよ。いただきものしたから，お返しのもの持って。ドア開けて見ている人がいてね。下（階下）のおじ様も電話してきて，こちらが具合わるいってえと，ご飯炊いて，煮物つくってもってきてくださいますよ。でも部屋には一歩も入りません。入り口のところでね，「Cさん，ご飯とおかず持ってきました」って大声でね。気使いますよ。・・・お友達はたくさんいますよ。お隣さんもよくしてくれるし，3階にも2階にもたくさんいます。・・・昨年入院して，退院してきてね，民生委員の人も心配してね。ヘルパーさん頼みましょうかって言って下さるけど，お気持ちだけいただきますって言ってあります。」

5．居住空間における制約要因

これまで見てきたように，単身高齢者の居住空間は人によってかなり異なるのであり，この空間の広がりを維持していく，あるいは拡大していくことを制約する要因も，人によって様々である。以下では，居住空間の特徴とそこにおける制約要因について明らかにしていきたい。

Aさんの場合，自宅での生活は，週3回派遣されるヘルパーや看護師，身内が訪問することで成り立っている。介護保険の利用では，1日2時間という時間的制約があり，ヘルパーの購買行動やその範囲を限定され，結果としてAさんの購買行動が制限されている。Aさんは，さまざまな人間関係や社会関係を，自宅という空間にうまく取り込んで生活を維持している。かつて住んだ場

所については，まるで今そこを歩いているかのように鮮明に記憶していて，文京区はAさんの記憶が集積する場所である。Aさんが尊厳をもって生きることとは子どもといった肉親と一定の距離をおいて営まれる単身の生活であり，それは語りにみられるように，シルバーピアに居住することに他ならない。文京区におけるシルバーピア条例では，自立して生活が営めることが入居条件となっている。ここでの「自立」は具体的な要件が特に示されているわけではないが，条例には介護保険の適用に該当する者も入居対象として明示されている。区は，平成12年7月の公営住宅法施行令の一部改正によって，理念上では「自立」の範囲を拡大し，サポートを得て生活できる状態も「自立」の範疇に含めて，居住要件として捉える方向性をとっている。しかしながら，シルバーピア研究会（1999）の調査結果や東京都高齢者在宅生活支援検討委員会（1999）の報告に見られるように，シルバーピア事業は改訂前も含めて運営上，入居者の身体機能がかなり低下した場合，各種のサポートを得ながら在宅生活を継続することを可能とする内容になってはいない。よって，入居後の身体等の機能低下による退去の判断は行政が主導権を握っているのが実情である。Aさんの介護保険の利用，自己負担も含めて，一人で暮らしたいという意志の実現には，行政で許容される「自立」の範囲並びに介護保険と住宅との関わり方がその可能性を大きく左右すると言える。Aさんの事例は介護保険によるサポートをまだ利用していないBさんやCさんの今後の問題とも重なる。

　Bさんは，転居して一年半と日が浅い。正規の仕事を引退したことによって生活が一変し，自宅での時間，地域で過ごす時間が増加した。そういう状況での転居であり，同じ住宅内で，そして地域での交友関係を築くことに積極的に踏み出せないでいる。そのようなBさんにとって，月に1度，生まれ育った前住地のなじみの理髪店を訪問することが生活の弾みになっており，また前住地を気軽に訪ねることのできる範囲内に居住していることも意味を持っている。高齢期の生活について自ら決断し，実行しているBさんであるが，歳をとったら楽になるはずという語りには，子どもがいたならば，子どもに面倒をみてもらうことをよしとする家族規範が見て取れる。単身という生き方とそういった家族規範との相克もBさんのなかで問題化していると言える。Bさんは心臓の機能が低下する傾向にあり，自転車や地下鉄の利用に支障が出てきている。坂が多いという地形も関与して行動の範囲が狭まる可能性が問題化しつつある。

Cさんは，母親との二人暮らしが長く，その間必死に働きながら二人の生活を維持してきた。Cさんの性格や親を思う言動への共感は，Cさんを取り巻く人々による様々な支援となって表れている。Cさんはそういった人との関係性を大切にしていきたいという気持ちを持ち続けている。それと同時に，今までの経験や関係性を築いてきた文京区を離れがたい場所であると認識している。心臓疾患や肺の手術によって最近特に体力が低下し，外出行動はもっぱら通院にあてられている。通院はバスを乗り継いで行われているが，慣れたルートとなっており，Cさん自身不便であるとは感じていない。しかし，語りにあるように雨の日には特別の注意を要する。Cさんには肉親と呼べる人はいない。緊急時に即応してもらえる他人の存在は，精神的な拠り所ともなっているが，ヘルパーといった専門性を持つ他人が生活の中に入ることは好まない。

以上のように3人はこれまでに築きあげてきた家族関係や友人，近隣関係といった，現在の生活の背景が異なり，その上に成り立っている現在の生活や生活への制約要因も自ずと異なっている。これらの制度的，心理的，そして物理的な制約要因は個人に帰する要因である。しかし，社会的な支援や制度，物理的な環境の改善といったことによって制約要因が取り除かれる可能性を考えるに，これらは社会的に構築された制約要因ということができる。

3人の事例をもとに，問題を整理するにあたって，まず押さえておかねばならないのは，個人個人の身体機能である。3人は疾病等を機に，自身の肉体の衰え，身体機能の低下を自覚していることである。そして，この機能低下を補完する行為，負担を軽減する工夫や努力をしている。徒歩に代わる自分にあった交通手段を選択する，目的地へ行く回数を減らす，電話等を利用して交友する，といったことによって，今までの関係性やその領域をできる限り維持していこうと努めている。また，積極的におむつを利用したり，これまで利用したことのなかったコンビニエンスストアを利用したり，立ったり座ったりの動作を繰り返さない工夫など，今まで築いてきた生活をより自分にあった形にしていくといった創造的な面が生じている。

しかし，こういった高齢者の創造性は，ステレオタイプ化された高齢者のイメージや，そこから生じる高齢者への不安によって打ち消されてしまう。3人の語りにもあったように，住宅の賃貸契約が高齢を理由に拒否されることは典型的な例である。東京都が行った住宅供給のあり方に関する調査（東京都，1992）では，高齢者の入居を考えていない家主は4割を占め，入居を断る世帯

として単身高齢者世帯が筆頭となっており，半数以上の家主が入居拒否を回答している。その理由として病気や事故等の不安，家主にとっての住宅の安全面，例えば出火といったことへの不安，保証人がいない，入居が長期化することなどが挙げられている。こういった側面からもシルバーピアの存在意義は大きい。

次に，高齢者の居住空間について機能的側面と帰属的側面（大原，1996）から捉えて考察していきたい。機能的側面とは，安全性，利便性，快適性といった住空間の物理的側面であり，一方機能的側面とは，個人の心的な拠点といった側面を表わす。3人が居住するシルバーピアは，バリアフリーの住宅設計，エレベーターの設置や各所の手すりの設置など，高齢者の身体機能に配慮した建物であり，これは高齢者の日常性にとって大変重要な要素である。しかし，個別の居住者の身長にあった台所設計，たとえばシンクの高さや整理棚の高さ，介助も可能とする風呂の設計になっているわけではなく，身体機能のさらなる低下あるいは使い勝手といった点では必ずしも個別の需要を満たしているとは言えない。住宅が立地する地域については，品質の良し悪しを問わなければ，日常生活に必要な食品や雑貨といったものが，徒歩10分圏内で購入することができる。また医療機関が利用者側の選択を可能にするだけ存在していること，交通網が発達し，バスや地下鉄，タクシーといった自分にあった交通手段を選択できる状況にあること，このような施設・サービスの集積，都市的アメニティの存在が生活に大きく影響している。しかし，語りに表れているように，地下鉄は階段の存在が使い勝手を悪くしている。

帰属的側面をみてみよう。3人の事例から，文京区という地域で様々な経験を積み，それぞれの思い入れがあって，この地域を離れがたくしている。3人にとって文京区とは，そういった思いや意味ある地域，日常生活を営んできた，勝手知ったる土地柄という感覚が作用する地域でもある。そして，そのような場所に現在も続けて居住していることが，安心感や安定性を付与していると言える。しかし，3人の語りからは，まったくと言ってよいほど地域住民との関わりが見えてはこない。これは，工藤（1997）も指摘しているように，シルバーピアという住宅の必要性や入居者への理解が地域住民の共通認識とはなっていない現われと考えられる。シルバーピアがいかに地域での生活存続に必要なものであるのか，建設計画段階から地域住民とが充分接点を設け，互いの要求や情報を交換するといった機会が設けられずにきた，シルバーピアという住宅や建設過程の問題性を明らかにするものと考える。

6. おわりに

　以上のように，シルバーピアに居住する高齢者は，自らの身体の衰えという課題を抱えながら，日々自助努力を積み重ねて生活を営んでいる。地域社会から浮いた存在であるという側面があるなかで，地域を基盤にした彼らなりの生活を徐々に築きあげている。ヘルパーや隣人にサポートされる生活のケースも，それは一方的な支援ではなく，こういったライフスタイルを持つ居住者と関わることがサポートする人間にとっても「住まう」あるいは老いて生きることについて考える契機を与えているのではないだろうか。個人のエイジングは，心身の状況の変化を前提としたプロセスであると言える。個人が要求する住宅や福祉のサービスやサポートが個々ばらばらではなく，体系的にマネジメントされる必要があるだろう。それは，家族とともに生きることを選択した高齢者にとっても一人で生活することを選択した高齢者にとっても，それぞれ生きていくためのニーズを満たしていけるようなサービスマネジメントであるべきだ。シルバーピアに限定して言えば，この住宅を退去したあとには，特養老人ホームといった施設や病院しかなく，それぞれ数年待機しなければ入れない（平井，2000）という状況にある。これを考えれば，いかにシルバーピアでの生活の継続が重要であるか，福祉政策と住宅政策との連携がいかに生きることを支援することつながるかが分かる。高齢者が生活していく際，問われるべきは，「自立」の概念であり，「生活の質」ということである。藤崎（1998）が指摘しているように，他者や社会制度によるサポートの利用も含めて，自己の生活を管理し，人間として尊厳を守りながら生活することを「自立」と捉え，その上で制度やサービスが組立てられたならば，単身入居者の「生き方の質」（要田，1999）が保障されることになるであろう。高齢者が一人で暮らすことを可能にする社会システム，制度，物理的空間，そして地域社会での理解が構築されたとき，高齢者の一人暮らしも「逸脱」視されることなく，暮らしやすさや生きやすさが保障されるのである。

注

1) 高齢者の居住空間については，さらに考察を加え，次のように定義したい。まず，居住空間とは，居住主体によって形成される，具体的な地域に形成される，住宅

から地域社会までの連続した空間であり，社会関係や建造環境を含むものである．さらに生産空間と再生産空間を接合する空間である（影山，2004）．高齢者の居住空間は，影山が示した概念に，個人の経験の蓄積とエイジングによる主体の変化を加えるものである（西，2006）．

2) A, B, Cの3人は，実際には文京区内の具体的な地名を語っている．地名によって地域のリアリティは喚起されるが，地名を提示することが個人の特定につながる可能性があり（西・高槻，2005；西，2006），これを避けるため，別の言葉に書き換えた．

文献

浅川達人（1997）：都市度と友人ネットワーク－生活空間を用いた分析の試み－．綜合都市研究 64, 17-24.

浅川達人・岡村清子・安藤孝敏・児玉好信（1997）：大都市高齢者の生活空間－外出行動および社会関係の空間的広がりに関する考察．日本都市社会学会年報 15, 53-67.

天野正子（1999）：『老いの近代』岩波書店．

一番ヶ瀬康子（1996）：「現代家族と住居」岸本幸臣・鈴木晃編『講座現代居住2　家族と住居』東京大学出版会．

井上　俊（1996）：物語としての人生．井上　俊・上野千鶴子・大澤真幸・見田宗介・吉見俊哉編『岩波講座現代社会学9　ライフコースの社会学』岩波書店，11-27.

大原一興（1996）：高齢者宅政策の視点．都市問題 87-5, 19-29.

小川信子（2000）：高齢社会に向けての環境整備（生活福祉と環境整備）．都市住宅学 15, 104-116.

影山穂波（2004）：『都市空間とジェンダー』古今書院．

株本千鶴（2000）：老人ホーム利用者のライフヒストリー．副田義也・樽川典子編『流動する社会と家族Ⅱ　現代家族と家族政策』ミネルヴァ書房，163-193.

工藤由貴子（1997）：高齢者居住環境整備における社会関係への配慮の必要性－シルバーピア居住者への調査結果を中心に－．お茶の水女子大学生活社会科学研究 4, 1-15.

工藤由貴子・平野順子・袖井孝子（1998）：高齢者と都市の生活環境（第1報）地域特性と生活行動．日本家政学会誌 49-11, 33-42.

斎藤芳徳・外山義・鈴木浩（2000）：居住地域における高齢者の外出行動と人的交流に関する考察－在宅高齢者と施設居住者の比較研究．日本建築学会計画系論文集 532, 125-132.

佐藤健二（1995）：ライフヒストリー研究の位相．中野卓・桜井厚編『ライフヒストリーの社会学』弘文堂，13-41．

佐藤健二（2000）：厚みのある記述．今田高俊編『社会学研究法　リアリティの捉え方』有斐閣アルマ，48-75．

シルバーピア研究会（1999）：『シルバーピアにおける調査結果．東京ガス（株）委託研究報告書』東京都高齢者施設推進室複製．

橘　弘志・高橋鷹志（1997）：地域に展開される高齢者の行動環境に関する研究－大規模団地と既成市街地におけるケーススタディー．日本建築学会計画系論文集 496，89-95．

東京都（1992）：『高齢社会を展望した住宅供給のあり方に関する調査』

東京都（2001）：『平成12年度東京都住宅白書』

東京都高齢者在宅生活継続支援検討委員会（1999）：『東京都高齢者在宅生活継続支援検討委員会報告書（その1）』東京都高齢者施設推進室．

西　律子（1998）：単身高齢者を取り巻く居住空間と居住意識－文京区における集合住宅居住者の事例から－．経済地理学年報 44-3，44-59．

西　律子・高槻幸枝（2005）：ライフヒストリー法を用いた地域叙述とプライバシー問題－地図の表現方法に注目して－．お茶の水女子大学大学院人間文化論叢第7巻，223-234．

西　律子（2006）：都心周辺部における単身高齢者の居住空間－ライフヒストリーによるアプローチ－（博士学位論文）．

平井　誠（2000）：特別養護老人ホーム入所者における入所前に世帯構成と前住地の分布－東京都奥多摩町のAホーム入所者の分析．人口学研究 27，15-22．

藤崎宏子（1998）：『高齢者・家族・社会的ネットワーク』培風館．

文京区（2000）：『文京区地域福祉計画』

文京区（2001）：『第33回文京の統計』

松井美枝（2000）：紡績工場の女性寄宿労働者と地域社会との関わり．人文地理 52-5，59-73．

森岡清志・中尾啓子・玉野和志（1997）：都市度とパーソナルネットワーク－研究目的・経過・結果の概要－．綜合都市研究 64，5-15．

湯澤規子（2001）：結城紬生産地域における家庭内分業の役割－織り手のライフヒストリーからの考察．地理学評論 74，239-263．

要田洋江（1999）：『障害者差別の社会学』岩波書店．

Pain,R., Mowl,G. and Talbot,C.（2000）: Difference and the negotiation of 'old age', *Environment and Planning D : Society and Space*,18,377-393.

コラムF　高齢者に対する固定観念と空間行動を取り巻く状況

若林芳樹

　高齢者を便宜的に定義するのに通常用いられるのは，暦年齢で65歳以上という基準である。その根拠となるのは，定年制と連動した労働力率，年金の支給や高齢者福祉制度の対象年齢などがあげられる（嵯峨座，1997, pp.5-6）。しかし，そうして暦年齢によって定義された高齢者の間には，一括りにできない多様性みられることも確かで，従来の高齢者に対する固定観念には，必ずしも実情を的確に捉えていない面が少なくない。

　たとえば，高齢者は身体機能の衰えた人たちという一般的な見方について考えてみよう。2001年国民生活基礎調査によると，高齢者千人のうち病気やけが等により自覚症状のある有訴者の割合は約半数の502‰に達するが，日常生活に影響のある者の割合はその約半分の235‰である。日常生活への影響のうち，最も大きな比重を占めているのが外出であり，空間移動におけるハンディキャップの深刻さがうかがえる（内閣府，2003, p.31）。このように，加齢とともに身体的な衰えが進むことは障害者に占める高齢者比率の高さにも表れており，バリアフリー化やユニバーサル・デザインの動きも高齢者を主たる対象にしている。とはいえ，上述の数値は半数以上の高齢者が日常生活に支障のない健康状態にあることを意味しており，健康で自立した生活を営んでいる高齢者も少なくないのである[1]。

　かりに身体機能に障害をもっていたとしても，それがハンディキャップとして顕在化するかどうかは，環境の状態によっても違ってくる。たとえば，階段や段差が少ない平地の都市で低床バスを使って日常の外出が充足されるような場合には，問題は生じにくいかもしれない。また，高齢者が気軽に利用できる娯楽施設や買物を楽しむ場が比較的豊富な都市では，高齢者と非高齢者との間で日常的な移動距離にあまり差がないという報告もある（中鉢，1998）。たしかに，加齢にともなって外出頻度は少なくなる傾向はみられる（内閣府，2003, p.48）としても，居住環境によって外出行動に作用するハンディキャップが異なることは確かである。

こうした物的環境とならんで，社会的サポートの欠如がハンディキャップを顕在化させる要因にもなる。一般に，日常的サポートは親族以外でもある程度充足できるものの，介護的サポートは親族に頼る度合いが高い（田原・荒井，1999）といわれており，子ども世帯との関係でみた高齢者の居住形態が，高齢者の生活をサポートする上で重要になってくる。内閣府（2003, p.17）によれば，高齢者と子との同居率は1980年の69.0％から2001年には48.4％と減少傾向にあり，それに代わって増えているのが高齢の夫婦のみの世帯（33.8％）と単独世帯（13.8％）である。

ただし，高齢者と子との同居率を都道府県別にみると，西日本で低く，東日本で高いという地域差もみられる。これは，西日本で隠居制や末子相続制が伝統的に卓越するのに対し，東日本では同居規範が根強く残っていることの現れと考えられる（清水，1997）。また，東京・大阪など大都市地域でも同居率は低くなるが，これは近代化や産業化とともに拡大家族が解体して核家族へ移行するという家族形態の変化を反映しており，都市化が進むにつれて，高齢者と子との別居傾向はますます強まると予想される。

その結果，高齢者に対する親族からのサポートが弱まることが懸念されるが，厚生省（2000）によると，同一敷地内の準同居や同一市町村内での近居の割合はむしろ高まっているという。これは，住宅や家計は別にしながらも，近居によって「ゆるやかにつながる家族」（野村総合研究所，2001, p.115）のネットワークが維持されていることを示唆する。

こうした親族によるサポートの担い手は，多くの場合，嫁や娘といった女性であるが，家族による介護には限界があり，公的なサポートによってそれを補う必要がある。そのため，2000年からは高齢者の介護的サポートを市町村が主体になって提供する介護保険制度が施行されている。しかしながら，介護サービスの水準や保険料の面での自治体間格差はきわめて大きい（中井，2003；宮澤，2003）。

もし，必要なサポートが満たされない場合，高齢者自身が状況を打開するための選択肢として転居がある。従来，高齢者は住み慣れた土地への愛着が強く，居住地移動しにくいと考えられてきたが，1980年頃から日本では高齢者の人口移動率が高まっている（大友，1999）。その中には，リゾート地や郊外を指向する「アメニティ移動」，子ども世帯との同居・近居を目的とする「呼び寄せ移動」，充実した介護サービスを求めての「介護移住」などが含まれる（田

原ほか，2003)。このように，高齢者は移動しないという見方は過去のものになりつつある。

一方，高齢期に居住環境が変化することは，精神的・肉体的ダメージを引き起こす「リロケーション・エフェクト（relocation effect）」を生じる恐れもある。これに関する最近の研究では，自発的移動かどうかでその影響が異なるという見方が支配的になってきている（安藤，1994）とはいえ，転居が高齢者に与えるストレスは決して小さくないはずである。また，高齢者が住み慣れた居住地を離れがたい理由について，岐阜県神岡町を事例に調査した田原・神谷（2001）は，身体的・社会的・自伝的な内側性（insideness）による場所への愛着の深さを挙げている。ただし，東京都町田市が呼び寄せ高齢者の実態調査を行った結果（町田市，2001）によると，転入してきた高齢者の生活満足度や健康感は決して低くなく，親族との同居や近居によって経済的にも情緒的にも安定した生活が確保されることを示している[2]。

以上のことから，従来の高齢者に対する見方が妥当するかどうかは，個人差や状況によって異なってくることは明らかである。このような高齢者に対する固定観念が，年齢による不当な差別や偏見を生み出す場合，それは「エイジズム（ageism）」と呼ばれ，人種差別（racism）や性差別（sexism）と並ぶ三大差別の一つに挙げられる（パルモア，2002）。もちろんエイジズムには否定的な側面だけでなく，肯定的な側面もあり，高齢者は医療や福祉の面で他の年齢層より優遇されていることも事実である。しかしながら，いずれも高齢者を特別扱いして固定観念を強化する恐れがあり，それが雇用差別をはじめとする社会参加や自立の妨げにつながって，高齢者の老化を促進している面もないとはいえない。

したがって，高齢者が遭遇するハンディキャップは，高齢者自身の能力だけでなく，周囲の状況によって生み出される面が少なくない。これをBronfenbrenner（ブロンフェンブレンナー，1996）の枠組み（本書の第1章参照）に依拠して，高齢者を取り巻く環境を重層的に構成されたシステムとみなせば，ハンディキャップの由来を構造的に捉え直すこともできる。たとえば，個々の行動場面に相当するマイクロシステムについては，段差や階段といった物的環境のローカルな条件が移動の障害をもたらすこともあれば，その場に居合わせた人の支援がハンディキャップを軽減する可能性もある。日常生活の場面間の関係が構成するメゾシステムでは，親族や友人が身近にいるかどうかで日常的

なサポートが違ってくるため，同居・近居・遠居といった居住形態が影響する可能性が高い。そうした行動場面に間接的に外部から影響を及ぼすエクソシステムでは，居住する地域の介護サービスの水準や，バリアフリー化の度合いによって，ハンディキャップの現れ方も違ってくるだろう。これは地域や国の社会保障政策や都市計画の方針によることが大きいが，それらの背景をなすマクロシステムとして，国際的な高齢化への取り組みが挙げられる。たとえば国連は1991年に高齢化のための国連原則を定めているが，その柱をなす「自立」，「参加」，「ケア」，「自己実現」，「尊厳」（内閣府，2003，p.59）は，日本の高齢社会対策の基本方針にも反映されている。

ただし，Bronfenbrennerの示した枠組みは，対人関係を中心にした社会的環境を念頭に置いたものであるため，地理学が対象にする物的環境を十分に捉えきれていない。そのため，上述のマイクロからマクロまでの環境のシステムは，必ずしも地理的空間スケールとは対応しない面がある。もし彼の枠組みを地理的環境にまで拡張するとすれば，環境の中にヒトだけでなくモノを明示的に取り込んで，再構成する必要があるだろう。そのために有効な方法として，ヒトやモノの時空間上での出会いを主として制約概念によって説明する時間地理学の観点の導入があげられる。たとえば，時間地理学における三つの制約概念（ヘーゲルストランド，1989）のうち，能力の制約はマイクロシステムで作用し，結合の制約はメゾシステムに関係し，管理の制約はエクソシステムに関係すると考えられなくもない。それとともに，時間地理学の制約の由来を構造的に理解するのに，Bronfenbrennerの枠組みは有益な示唆を与えてくれるかもしれない。心理学と地理学との知的交流は，物的環境を共通の対象にするとき，実り多い成果が生み出されるように思われる。

注

1) 知的能力についても，従来は加齢に伴って知能は低下するという考え方が支配的だった。ところが，最近では生涯発達心理学の台頭により，高齢者の有能さを測る方法としての知能テストの妥当性が疑問視されたり，流動性知能に比べて結晶的知能は必ずしも低下しないという見方が登場している（高橋・波多野，1990）。
2) 経済状態については，貧困な高齢者という固定観念が根強く残っているが，日本の高齢者世帯の1人当たり所得は全世帯平均の91％に達しており，他の先進国と比較した経済的困窮者の割合は低い水準にある（厚生労働省，2003，p.21, 24）。

むしろ昨今の若年層や中堅層の雇用不安が深刻化している現状では，決して高齢者が経済的に困窮しているとはいえない．しかし，2004年には年金制度改革が予定されており，年金給付水準が引き下げられると，高齢者の経済状態も近い将来悪化する可能性も否定できない．

文献

安藤孝敏（1994）：地域老人における転居の影響に関する研究動向－転居後の健康と心理社会的適応を中心に－．老年社会科学，16（1），59-65.

大友 篤（1999）：高齢期における居住移動の形態．都市問題，90（12），17-28.

厚生省（2000）：『平成12年版 厚生白書』ぎょうせい．

厚生労働省（2003）：『平成15年版 厚生労働白書』ぎょうせい．

嵯峨座晴夫（1997）：『人口高齢化と高齢者』大蔵省印刷局．

清水浩昭（1997）：世帯統計からみた家族構造．熊谷文枝編著『日本の家族と地域性（上）』ミネルヴァ書房，57-72.

高橋恵子・波多野誼余夫（1990）：『生涯発達の心理学』岩波書店．

田原裕子・荒井良雄（1999）：農山村地域における老親子関係と空間的距離．老年社会科学，21（1），26-38.

田原裕子・神谷浩夫（2001）：高齢者の場所への愛着と内側性－岐阜県神岡町の事例－．人文地理，54，209-230.

田原裕子・平井 誠・稲田七海・岩垂雅子・長沼佐枝・西 律子・和田康喜（2003）：高齢者の地理学－研究動向と今後の課題－．人文地理，55，451-473.

中鉢奈津子（1998）：京都市における高齢者の外出行動．人文地理，50，172-187.

内閣府（2003）：『平成15年版 高齢社会白書』ぎょうせい．

中井清美（2003）：『介護保険 地域格差を考える』岩波書店．

野村総合研究所（2001）：『続・変わりゆく日本人』野村総合研究所．

パルモア，E.B.著，鈴木研一訳（2002）：『エイジズム－高齢者差別の実相と克服の展望－』明石書店．Palmore, E.B. (1999): *Ageism: negative and positive* (2nd ed.). Springer.

ブロンフェンブンナー，U.著，磯貝芳郎・福富 護訳（1996）：『人間発達の生態学』川島書店．Bronfenbrenner, U. (1979): *The Ecology of Human Development*. Harvard UP.

ヘーゲルストランド，T.著，荒井良雄訳（1989）：地域科学における人間．荒井良雄・川口太郎・岡本耕平・神谷浩夫編訳：『生活の時間 都市の時間』古今書院，5-27. Hägerstrand, T. (1970): What about people in regional science? *Papers and*

Proceedings of Regional Science Association, 24, 127-153.
町田市（2001）:『短期間居住の高齢者とその家族の生活に関する調査報告書』町田市.
宮澤　仁（2003）：関東地方における介護保険サービスの地域的偏在と事業者参入の関係．地理学評論，76，59-80.

執筆者一覧（＊編者）

大西宏治（コラムE）
現職：富山大学人文学部助教授
主な著書・論文：『子どもの初航海－遊び空間と探検行動の地理学－』（共著，古今書院，2004年），『エコ地図をつくろう』（共著，黎明書房，2005年），「地理学における子ども研究」（比較日本文化研究9，2005年）

岡本耕平（第3章，コラムD）＊
現職：名古屋大学環境学研究科教授
主な著書・論文：『都市の空間と時間』（共著，古今書院，1996年），『都市空間における認知と行動』（古今書院，2000年），「Sketch map analysis using GIS buffer operation」（共著，『Spatial Cognition IV』Springer，2005年）

加藤義信（第2章）
現職：愛知県立大学文学部教授
主な著書・論文：「ペアでの経路探索が後の単独移動時のパフォーマンスに及ぼす影響－移動中のコミュニケーションに注目して－」（認知科学15-3，1998年），『鏡の心理学』（訳書，ミネルヴァ書房，1999年），「Individual differences in wayfinding strategies」（共著，Journal of Environmental Psychology23-2，2003年）

鈴木晃志郎（コラムB）
現職：首都大学東京都市環境学部リサーチアシスタント
主な著書・論文：「地図化能力の発達に関する一考察」（人文地理52-4，2000年），「A comparative study of spatial descriptions in tourist guidebooks」（Geographical Review of Japan76-5，2003年），「日米の旅行案内書からみた東京のツーリズム空間の異文化比較」（共著，地理情報システム学会講演論文集15，2006年）

髙井寿文（コラムC）
現職：名城大学都市情報学部非常勤講師
主な著書・論文：「社会・文化的状況を考慮した外国人向け「まち案内」の提案－日系ブラジル人による手描き地図の分析から－」（地理情報システム学会講演論文集9，2000年），「車窓シークエンス景観と乗客が沿線地域に抱く印象との関わり」（地理科学58-2，2003年），「日本の都市空間における日系ブラジル人の空間認知」（地理学評論77-8，2004年）

竹内謙彰（第6章）
現職：愛知教育大学教育学部教授
主な著書・論文：「大学生の地図利用行動と感情，経験及びナビゲーション・スキルとの関連」（地図41-4，2003年），「Individual differences in wayfinding strategies」（共著，Journal of Environmental Psychology23-2，2003年），「知能検査」（『児童心理学の進歩2004年版』金子書房，2004年）

寺本　潔（第7章）＊
現職：愛知教育大学教育学部教授
主な著書・論文：『社会科の基礎基本　地図の学力』（明治図書，2002年），『子どもの初航海－遊び空間と探検行動の地理学－』（共著，古今書院，2004年），『犯罪・事故から子どもを守る学区・学校アクション４１』（黎明書房，2006年）

西　律子（第8章）

現職：明治学院大学・和洋女子大学非常勤講師，お茶の水女子大学大学院人間文化研究科附属人間文化研究所研究員

主な業績：「大都市における単身高齢者のエイジングと居住継続に関する一考察－東京都文京区シルバーピア入居者の事例－」（地理学評論78-1，2005年），「ライフヒストリー法を用いた地域叙述とプライバシー問題－地図の表現方法に注目して－」(お茶の水女子大学大学院人間文化論叢7, 2005年)，「都心周辺部における単身高齢者の居住空間：ライフヒストリーによるアプローチ」（お茶の水女子大学博士学位論文，2006年）

村越　真（第5章）

現職：静岡大学教育学部教授

主な著書・論文：「Use of knowledge and heuristics for wayfinding in an artificial environment」（共著，Environment & Behavior 32，2000年），『道迷い遭難を防ぐ最新読図術』（山と渓谷社，2001年），「ナヴィゲーションのスキルと発想」（『野生のナヴィゲーション』古今書院，2004年），

本間昭信（コラムA）

現職：株式会社パスコ勤務

主な著書・論文：「日常的な生活空間における視覚障害者の空間認知」（地理学評論73-11，2000年），「視覚障害者の移動環境評価とモビリティ規定要因」（地理学評論75-14，2002年），「認知地図で考える視覚障害者の行動空間」（『地域と福祉の分析法』古今書院, 2005年）

山本利和（第4章）

現職：大阪教育大学教育学部教授

主な著書・論文：『視覚障害者の空間認知の発達』（二瓶社，1993年），『発達心理学』（培風館，1999年），『目の不自由な子どもを育てるヒント』（ジアース教育新社，2005年）

若林芳樹（第1章・コラムF）＊

現職：首都大学東京都市環境学部准教授

主な著書・論文：『認知地図の空間分析』（地人書房，1999年），『シングル女性の都市空間』（共著，大明堂，2002年），『働く女性の都市空間』（共著，古今書院，2004年）

書　名	ハンディキャップと都市空間－地理学と心理学の対話－
コード	ISBN4-7722-7019-1 C3036
発行日	2006年12月20日　第1刷発行
編　者	岡本耕平・若林芳樹・寺本　潔
	Copyright ©2006 Kohei OKAMOTO
発行者	株式会社古今書院　橋本寿資
印刷所	株式会社カシヨ
製本所	高地製本所
発行所	古今書院
	〒101-0062　東京都千代田区神田駿河台 2-10
電　話	03-3291-2757
FAX	03-3233-0303
振　替	00100-8-35340
ホームページ	http://www.kokon.co.jp/
	検印省略・Printed in Japan

いろんな本をご覧ください
古今書院のホームページ

http://www.kokon.co.jp/

★ 500点以上の**新刊・既刊書**の内容・目次を写真入りでくわしく紹介
★ 環境や都市，GIS，教育など**ジャンル別**のおすすめ本をラインナップ
★ **月刊『地理』**最新号・バックナンバーの目次&ページ見本を掲載
★ **大学テキストにおすすめ**の本を専用ページでご覧いただけます
★ いろんな分野の関連学会・団体のページへ**リンク**しています

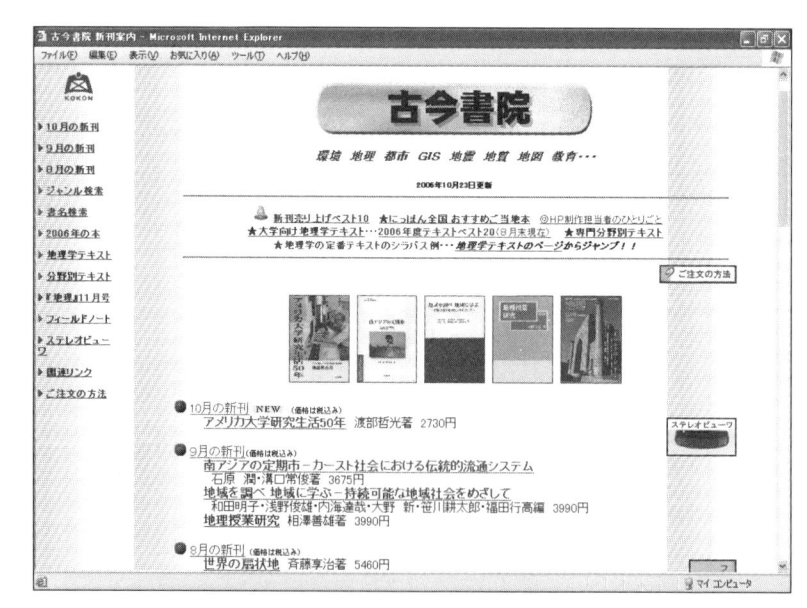

古 今 書 院

〒101-0062　東京都千代田区神田駿河台 2-10
TEL 03-3291-2757　　FAX 03-3233-0303

☆メールでのご注文は　order@kokon.co.jp へ

大学の地理学
ADVANCED COURSE

新版 都市社会地理学

ノックス・ピンチ著
川口太郎・神谷浩夫・高野誠二訳

菊判　416頁
本体5800円＋税
2005年発行

★都市社会地理学の定番テキストが大幅にグレードアップ！

旧版はノックスの単著、新版ではピンチが加わり、もともとの特徴である人間生態学・社会ネットワーク・コミュニティ・住居移動など基本的な項目を残した上で文化-社会的二極化・アイデンティティ・ジェンダーなどが大幅に増補された。
[おもな内容] 社会地理学と社会－空間弁証法・都市生活の経済的変化・都市の文化・社会空間的分化のパターン・空間的-制度的枠組み・建造物の供給と都市環境の社会的生産・近代アーバニズムの社会的特徴・セグリゲーションとコングリゲーション・近隣-コミュニティと場所の社会的構築・都市の環境と構造・身体-セクシュアリティ-都市・居住地移動と近隣変化・都市の変化と紛争
ISBN4-7722-5103-0　C3025　　　　　　図

地域と福祉の分析法
―地図・GISの応用と実例

宮澤　仁編著
A5判　170頁
本体3500円＋税
2005年発行

★福祉地図をつくることで、政策課題と住民ニーズがみえてくる！

「ここに介護施設があれば助かるのに」「車いす利用者のためにバリアマップを作りたい」「都心への通勤のために，保育所の時間延長をしてほしい」
住民ニーズを表現した福祉地図は，地域の生活問題をリアルに浮き彫りにし，環境整備計画の評価や代替案の提示に有効な手段となる。説得力ある福祉地図の作り方と分析の視点を，具体事例とオリジナル地図で解説する。第1部は高齢者福祉（保健福祉マップ／福祉の自治体間比較／地域交通路線ほか），第2部は障害者福祉（様々なバリアマップ／視覚障害者のための認知地図ほか），第3部は児童福祉と女性の社会参加（郊外女性の活動日誌分析／保育所立地の時間地理学地図ほか）
ISBN4-7722-5098-0　C3036

地域と高齢者福祉
―介護サービスの需給空間

杉浦真一郎著
A5判　276頁
本体6500円＋税
2005年発行

★高齢者福祉の地域格差をデータで分析する

日本の高齢者福祉の地域格差を主題図や統計資料で提示し，大都市・中小都市・農山村の地域特性や地域変化を具体的に描きながら，需要とコストなどの諸条件を踏まえた「基盤整備モデル」「需給均衡モデル」「近接志向モデル」の3モデルを提唱する。
[目次] 1高齢者福祉研究の展開，2高齢者福祉サービスの地域差と地域的公正，3大都市の施設福祉の需給と市町村間関係，4中小都市のサービス利用の地域的枠組みとその変化，5農山村地域の介護保健と事業者間競合，6介護保険導入時における特別養護老人ホームの立地格差，7施設整備と都道府県老人保健福祉計画の役割，8特別養護老人ホームの立地と入所先選択をめぐる現実と理想的条件。
ISBN4-7722-5095-6　C3036

古今書院　〒101-0062　東京都千代田区神田駿河台2-10
電話 03-3291-2757　FAX 03-3233-0303
http://www.kokon.co.jp/

都市空間における認知と行動

岡本耕平著
A5判　296頁
本体7000円＋税
2000年発行

★都市空間を舞台に，認知研究と行動研究の統合をめざす！

［目的］都市空間において，人々が空間をどのように認知し，どのように行動しているかを探求する。
［視角］①実証主義的な研究を行う。②空間認知と空間行動の両方を取り上げる。③都市空間を研究の対象とする。
［おもな内容］第Ⅰ部：都市空間における認知（距離の認知，地名の認知，空間認知の発達），第Ⅱ部：都市空間における行動（外出行動パターン，滞留人口の時空間構造，都市のデイリーリズム），第Ⅲ部：都市空間における認知と行動（行動地理学の歴史と未来，都市行動モデルと空間概念，ケヴィン＝リンチの都市論）
ISBN4-7722-5037-9　C3025

子どもの初航海
－遊び空間と探検行動の地理学－

寺本　潔・大西宏治著
A5判　158頁
本体2400円＋税
2004年発行
好評重版

★秘密基地，はらっぱ，子ども道，昆虫少年，川遊び……子ども世界の地理空間を探る

秘密基地づくりや探検を通じて，子どもが世界を広げ，身近な地域を認識し，やがて街全体を把握して大人の地理感覚を獲得するまでの過程を描く。子どもの描いた絵，手描き地図，大学生が子ども時代を回想して描いたレポートなど，実例を豊富に取り上げて，子ども世界の発達を追う。
［目次］1）子ども時代の原風景，2）知らない街に降り立った大学生，3）地理学における子ども研究，4）山村に生きる子どもの世界，5）手描き地図にみる身近な地域，6）写真に示された子どものまなざし，7）広い地域のメンタルマップ，8）児童文学に描かれた子どもの地理，9）世代間変化にみる遊び場，10）社会の変化と遊び空間
ISBN4-7722-5084-0　C3037

働く女性の都市空間

由井義通・神谷浩夫・若林芳樹・中澤高志共編著
A5判　190頁
本体2800円＋税
2004年発行

★シングル，パラサイト，母子世帯，DINKｓ，パートタイムなど，働く女性の多様なライフスタイルと居住地選択を描く

婚姻状況，子どもの有無，親元との関係など「働く女性」の生活や仕事を取り巻く社会環境を分析し，通勤の便，深夜でも安全な帰宅道，子どもを預ける保育所などの条件で，どのようなライフスタイルと居住地の選択がなされるか，克明に描いた本。

全国都道府県別と東京大都市圏自治体別の，女性の就業状況，学歴，婚姻状況，保育サービス，母子世帯の分布をジェンダーマップで提示し（1章），年代別の女性の人口移動（2章），女性のライフスタイル・ライフステージと居住地選択（3－5章），シングル女性のマンション購入（6章）を分析する。

都心回帰現象，女性の就業のM字型カーブ，学童保育，家族政策の国際比較などのコラム付。
ISBN4-7722-7006-X　C3036

古今書院　〒101-0062　東京都千代田区神田駿河台2-10
電話 03-3291-2757　FAX 03-3233-0303
http://www.kokon.co.jp/